À toi! 3

Grammatikheft

À toi! 3

Grammatikheft für den Französischunterricht

Im Auftrag des Verlages erarbeitet von
Dorothee Flach

Projektleitung: Julia Goltz
Redaktion: Sandra Brandstetter

Umschlaggestaltung: werkstatt für gebrauchsgrafik, Berlin
Layout und technische Umsetzung: Rotraud Biem, Berlin
Illustrationen: Laurent Lalo

Bildquellen

Cover *Vordergrund* Cornelsen Schulverlage, Isis Martins; *Hintergrund* Veer, Thomas Pajot – **S. 7** *oben und Mitte* Cornelsen Schulverlage, Isis Martins – **S. 8** *1.* Magasin U; *2.* iStockphoto, Rafa Irusta; *3.* Fotolia.com, Elena Schweitzer; *4.* Casino; *5.* by-studio busse, yankushev – **S. 10–57** Cornelsen Schulverlage, Isis Martins

www.cornelsen.de

Die Mediencodes enthalten ausschließlich optionale Unterrichtsmaterialien;
sie unterliegen nicht dem staatlichen Zulassungsverfahren.

2. Auflage, 3. Druck 2022

Alle Drucke dieser Auflage sind inhaltlich unverändert
und können im Unterricht nebeneinander verwendet werden.

Druck: AZ Druck und Datentechnik GmbH, Kempten

ISBN 978-3-06-520422-4

PEFC zertifiziert
Dieses Produkt stammt aus nachhaltig
bewirtschafteten Wäldern und kontrollierten
Quellen.

www.pefc.de

PEFC
PEFC/04-31-2260

So ist das Grammatikheft *À toi!* 3 aufgebaut:

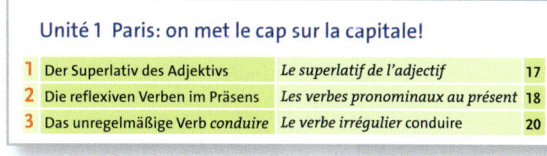

Unité 1 Paris: on met le cap sur la capitale!

1	Der Superlativ des Adjektivs	*Le superlatif de l'adjectif*	17
2	Die reflexiven Verben im Präsens	*Les verbes pronominaux au présent*	18
3	Das unregelmäßige Verb *conduire*	*Le verbe irrégulier* conduire	20

Wenn du wissen willst, wo du Erklärungen zu einem bestimmten grammatischen Thema finden kannst, schlägst du im Inhaltsverzeichnis auf den Seiten 4–5 nach.

Ce que tu sais déjà ...

Hier findest du einen Überblick über die Grammatik, die du bereits in *À toi!* 1 und 2 gelernt hast.

Léo est **plus** grand qu'Éric.
Éric est **aussi** grand que Léa.
Zoé est **moins** grande que Léa.

Wenn du Personen oder Dinge miteinander vergleichst, brauchst du dafür den Komparativ des Adjektivs: „Arthur ist **größer als** Mathis."
Um zu vergleichen, stellst du im Französischen **plus**, **aussi** oder **moins** vor das Adjektiv und das Vergleichswort **que** dahinter.

Bei jedem neuen grammatischen Thema findest du zuerst Beispiele und darunter die Erklärung.

! Der Komparativ von **bon** ist unregelmäßig. Wie beim Superlativ wird **meilleur** an das Nomen angeglichen, zu dem es gehört.

Das Ausrufezeichen bedeutet, dass etwas besonders auffällig ist oder es sich um eine Ausnahme handelt.

Komparativ des Adjektivs:	**+**	**plus**	
	=	**aussi**	+ Adjektiv + **que/qu'**
	−	**moins**	

Eine kurze Zusammenfassung der Regeln findest du auf den orangefarbenen Merkzetteln.

Komparativ = Steigerungsform des Adjektivs

Auf diesen Stickern findest du die Bedeutung von grammatischen Begriffen.

FAIS LE POINT ✔   ▶ Webcode: ATOI-3-GH

Complète par le comparatif des adjectifs **bon, cher, grand, joli, stressé, important**. Fais attention à l'accord.

1. *Cette jupe est* ❓ *la robe.* **+**
2. *Avant l'interro, Camille est* ❓ *Jules.* **−**
3. *Arno trouve que le rugby est* ❓ *le foot.* **=**

In den grünen *Fais le point*-Kästen gibt es Übungen zu den neuen Grammatikthemen. Hier kannst du überprüfen, ob du alles verstanden hast. Die Lösungen findest du auf **www.cornelsen.de/webcodes** unter dem Webcode **ATOI-3-GH**.

infinitif		**jeter** (wegwerfen)
présent	je	**jette**
	tu	**jettes**
	il/elle/on	**jette**

Auf den Seiten 59–64 findest du die Konjugationen aller Verben aus *À toi!*.

Viel Erfolg!

Inhaltsverzeichnis

Unité 3 La vie au collège

Unité 4 Découvrir le monde professionnel

Unité 5 La Loire à vélo

Unité 6 La France et la Francophonie

Annexe

Ce que tu sais déjà ...

Das Nomen und seine Begleiter | *Le nom et ses déterminants*

1 Die verschiedenen Begleiter | *Les différents déterminants*

	masculin		féminin	
	vor Konsonant	vor Vokal	vor Konsonant	vor Vokal
der bestimmte Artikel | *l'article défini*				
singulier	le garçon	l'ordinateur	la fille	l'idée
pluriel	les garçons / les ordinateurs		les filles / les idées	
der unbestimmte Artikel | *l'article indéfini* (1)				
singulier	un garçon / un ordinateur		une fille / une idée	
pluriel	des garçons / des ordinateurs		des filles / des idées	
der Demonstrativbegleiter | *le déterminant démonstratif*				
singulier	ce garçon	cet ordinateur	cette fille / cette idée	
pluriel	ces garçons / ces ordinateurs		ces filles / ces idées	
der Possessivbegleiter | *le déterminant possessif*				
singulier	mon frère / mon ami ton frère / ton ami son frère / son ami		ma sœur ta sœur sa sœur	mon amie ton amie son amie
pluriel	mes frères / mes amis tes frères / tes amis ses frères / ses amis		mes sœurs / mes amies tes sœurs / tes amies ses sœurs / ses amies	
singulier	notre frère / notre ami votre frère / votre ami leur frère / leur ami		notre sœur / notre amie votre sœur / votre amie leur sœur / leur amie	
pluriel	nos frères / nos amis vos frères / vos amis leurs frères / leurs amis		nos sœurs / nos amies vos sœurs / vos amies leurs sœurs / leurs amies	
der Fragebegleiter | *le déterminant interrogatif*				
singulier	Quel frère? / Quel ami?		Quelle sœur? / Quelle amie?	
pluriel	Quels frères? / Quels amis?		Quelles sœurs? / Quelles amies?	
der Begleiter *tout* | *le déterminant tout* (2)				
singulier	tout le livre	tout l'argent	toute la classe	toute l'armoire
pluriel	tous les livres / tous les amis		toutes les copines / toutes les amies	

(1) Hinweis zum unbestimmten Artikel

🇫🇷 un portable   des portables   une cuillère   des cuillères

🇩🇪 ein Handy   ◼ Handys   ein Löffel   ◼ Löffel

❗ Im Deutschen gibt es im Plural keinen unbestimmten Artikel.

(2) Hinweis zum Begleiter *tout*

tout l'argent   das ganze Geld
toute la classe   die ganze Klasse
tous mes livres   alle meine Bücher
toutes ces bédés   alle diese Comics

> Nach **tout** steht meistens ein weiterer Begleiter, z. B. ein Artikel, ein Possessivbegleiter oder ein Demonstrativbegleiter.

Der Begleiter **tout** richtet sich nach dem Nomen, vor dem er steht.
Die Singularformen **tout le** / **toute la** übersetzt du mit *der/die/das ganze*.
Die Pluralformen **tous les** / **toutes les** übersetzt du mit *alle*.

> **tous les jours**   jeden Tag
> **tous les soirs**   jeden Abend
> ❗ Nicht immer wird **tous les** mit **alle** übersetzt.

2   Der Teilungsartikel | *L'article partitif*

> Qu'est-ce qu'il y a dans le frigo?

> Il y a du beurre, de la confiture, de l'eau et des œufs.

Marie achète	**du**	beurre.	Marie kauft	◼ Butter.
	de la	farine.		◼ Mehl.
	de l'	eau.		◼ Wasser.
	des	pommes.		◼ Äpfel.

Bei unbestimmten Mengen verwendest du im Französischen den Teilungsartikel.
Der Teilungsartikel hat die gleiche Form wie der zusammengezogene Artikel mit **de**: **du, de la, de l', des**.
❗ Im Deutschen gibt es keinen Teilungsartikel: *Marie kauft Butter*.

> Teilungsartikel:
> *du*
> *de la*
> *de l'*
> *des*

3 Die Mengenangaben | *Les quantifiants*

J'ai acheté un kilo de farine, deux bouteilles d'eau et beaucoup de fromage!

Mengenangaben können sein:

Nomen

un kilo de ___   une bouteille de ___   250 grammes de ___   un pot de ___   un litre de ___

Adverbien

Il y a **beaucoup d'**oranges.	beaucoup de	viel/e
Il y a **trop de** pommes.	trop de	zu viel/e
Il y a **assez de** sucre.	assez de	genug
Il y a **un peu de** fromage.	un peu de	ein wenig
Il n'y a **pas de** chocolat.	ne … pas de	kein/e
Il n'y a **pas assez de** lait.	ne … pas assez de	nicht genug
Il n'y a **plus d'**eau.	ne … plus de	kein/e mehr

Nach Mengenangaben verwendest du *de* und dann das Nomen ohne Artikel. Vor einem Nomen, das mit einem Vokal oder einem stummen *h-* beginnt, verkürzt du *de* zu *d'*.

🇫🇷 un kilo de pommes   🇩🇪 ein Kilo ◼ Äpfel

Im Unterschied zum Französischen wird im Deutschen das Nomen direkt an die Mengenangabe angeschlossen.

Das Adjektiv | *L'adjectif*

4 Das Adjektiv | *L'adjectif*

Au singulier

Au pluriel

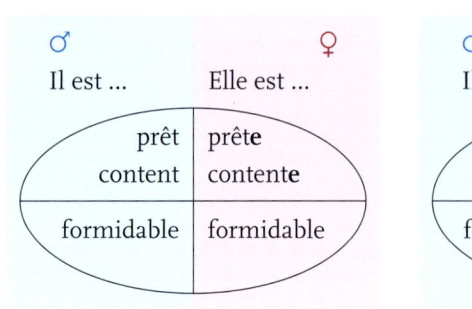

Mit Adjektiven beschreibst du Personen oder Sachen. Im Französischen werden die Adjektive immer an das Nomen angeglichen, zu dem sie gehören. Es gibt unterschiedliche Gruppen von Adjektiven:

	masculin		féminin	
	singulier	pluriel	singulier	pluriel
1.	Il est intelligent. [ɛ̃teliʒɑ̃] Il est content. [kɔ̃tɑ̃]	Ils sont intelligents. [ɛ̃teliʒɑ̃] Ils sont contents. [kɔ̃tɑ̃]	Elle est intelligente. [ɛ̃teliʒɑ̃t] Elle est contente. [kɔ̃tɑ̃t]	Elles sont intelligentes. [ɛ̃teliʒɑ̃t] Elles sont contentes. [kɔ̃tɑ̃t]
2.	Il est joli.	Ils sont jolis.	Elle est jolie.	Elles sont jolies.
3.	Il est formidable. Il est moche.	Ils sont formidables. Ils sont moches.	Elle est formidable. Elle est moche.	Elles sont formidables. Elles sont moches.
4.	Il est bon. [bɔ̃] Il est gentil. [ʒɑ̃ti] Il est nul.	Ils sont bons. [bɔ̃] Ils sont gentils. [ʒɑ̃ti] Ils sont nuls.	Elle est bonne. [bɔn] Elle est gentille. [ʒɑ̃tij] Elle est nulle.	Elles sont bonnes. [bɔn] Elles sont gentilles. [ʒɑ̃tij] Elles sont nulles.
5.	Il est sympa.	Ils sont sympas.	Elle est sympa.	Elles sont sympas.

1. Bei den meisten Adjektiven bildest du die weibliche Form, indem du an die männliche Form ein *-e* anhängst. Das *-e* verändert oft die Aussprache der weiblichen Form. Für die Pluralformen hängst du ein *-s* an.
2. Endet die männliche Form des Adjektivs auf einen Vokal, kannst du das angehängte *-e* der weiblichen Form nicht hören. Du musst es aber schreiben.
3. Endet die männliche Form des Adjektivs schon auf *-e*, hängst du kein weiteres *-e* für die weibliche Form an.
4. Bei den Adjektiven **bon, nul** und **gentil** hängst du für die weibliche Form ein *-e* an und verdoppelst den Konsonanten, der davor steht (**bon → bonne**).
5. Die Adjektive **super** und **cool** sind unveränderlich. Das Adjektiv **sympa** ist im Singular unveränderlich, im Plural hängst du ein *-s* an.

Regarde, ils sont formidables.

Moi, je ne les trouve pas cool et puis, ils sont moches.

Die Formen und Hinweise zur Stellung von **beau** und **nouveau** findest du auf Seite 30/7.

5   Die Pronomen im Überblick | *Aperçu des différents pronoms*

Sing.	verbundene Personalpronomen	unverbundene Personalpronomen	direkte Objektpronomen	indirekte Objektpronomen
1. Ps.	je	moi	me/m'	me/m'
		Tu viens chez **moi**? *Kommst du zu mir?*	Tu **m'**appelles? *Rufst du mich an?*	Tu **me** donnes les clés? *Gibst du mir die Schlüssel?*
2. Ps.	tu	toi	te/t'	te/t'
		Et **toi**? *Und du?*	Je **te** comprends. *Ich verstehe dich.*	Je **te** raconte une histoire. *Ich erzähle dir eine Geschichte.*
3. Ps.	il/elle/on	lui/elle	le/l'/la/l'	lui ...
		Elle est avec **lui**! *Sie ist mit ihm zusammen!*	Il **l'**aime et **la** trouve super. *Er liebt sie und findet sie toll.*	Ils **lui** permettent beaucoup. (à leur fille) *Sie erlauben ihr viel.* (ihrer Tochter)

Pl.	verbundene Personalpronomen	unverbundene Personalpronomen	direkte Objektpronomen	indirekte Objektpronomen
1. Ps.	nous	nous	nous	nous
		Tu pars sans **nous**? *Du fährst ohne uns weg?*	Tu **nous** comprends? *Verstehst du uns?*	Tu **nous** réponds? *Antwortest du uns?*
2. Ps.	vous	vous	vous	vous
		C'est **vous**, les élèves? *Seid ihr die Schüler?*	On **vous** écoute. *Wir hören euch zu.*	Oui, je **vous** parle. *Ja, ich spreche mit euch.*
3. Ps.	ils/elles	eux/elles	les ...	leur ...
		Les frères de Matéo? Ce sont **eux**! *Die Brüder von Matéo? Das sind sie!*	Les filles, tu **les** connais? *Die Mädchen, kennst du sie?*	Tu **leur** donnes les cadeaux? (aux enfants) *Gibst du ihnen die Geschenke?* (den Kindern)

> Die direkten und die indirekten Objektpronomen unterscheiden sich nur in der 3. Person Singular und Plural.

5.1 Die verbundenen und die unverbundenen Personalpronomen | *Les pronoms personnels conjoints et disjoints*

> Regarde sur la photo, c'est **moi**. Et à côté de **moi**, c'est mon oncle. Devant **lui**, c'est ma tante. Ce sont **eux**, les parents de Julie.

> Julie a l'air sympa! Moi aussi, j'ai une cousine. **Elle** a 15 ans et **elle** s'appelle Marie.

J'ai un nouveau copain. Il a 16 ans.   **Ich** habe einen neuen Freund. **Er** ist 16 Jahre alt.

Die verbundenen Personalpronomen *je, tu, il/elle/on, nous, vous, ils/elles* stehen immer vor einem Verb und sind Subjekt des Satzes.

Die unverbundenen Personalpronomen verwendest du:
– in Sätzen ohne Verb (*Moi non plus.*),
– nach *c'est … / ce sont …*,
– nach *ce n'est pas … / ce ne sont pas …*,
– nach Präpositionen, z. B. *avec, chez, devant, pour …*

5.2 Das direkte Objektpronomen | *Le pronom objet direct*

> Alors, ma chambre … Je **la** range, je ne **la** range pas, …

Tu	**ne**	**me**	comprends **pas**.	Du verstehst **mich** nicht.
Je		**te**	retrouve à la maison.	Ich treffe **dich** zu Hause.
Le gâteau? On		**le**	fait ensemble?	Machen wir **ihn** zusammen? (den Kuchen)
La clé? Tu	**ne**	**la**	trouves **pas**?	Findest du **ihn** nicht? (den Schlüssel)
Tu		**nous**	appelles?	Rufst du **uns** an?
Oui, je		**vous**	aide.	Ja, ich helfe **euch**.
Les DVD? Lucas		**les**	apporte.	Lucas bringt **sie** mit. (die DVDs)

(Hamburger-Grafik: ne / n' | me, te, le, la, nous, vous, les | Verb | pas)

Die direkten Objektpronomen ersetzen direkte Objekte. Die Objektpronomen stehen im Französischen vor dem Verb. Auch im verneinten Satz stehen sie vor dem Verb, innerhalb der Verneinungsklammer.

Tu	**m'**	appelles?	Rufst du **mich** an?
Oui, je	**t'**	appelle.	Ja, ich rufe **dich** an.
Et ta copine? On	**l'**	attend?	Warten wir auf **sie**? (die Freundin)
Et le poster? Tu	**l'**	achètes?	Kaufst du **es**? (das Poster)

Vor einem Verb, das mit einem Vokal oder einem stummen **h-** beginnt, werden die direkten Objekt-pronomen *me, te, le/la* zu *m', t', l'* verkürzt. Dem *l'* kannst du nicht ansehen, ob es männlich oder weiblich ist. Das kannst du nur dem Zusammenhang entnehmen.

5.3 Das indirekte Objektpronomen | *Le pronom objet indirect*

Donne la poupée à ta soeur!

Oui, oui! Je **lui** donne sa poupée tout de suite.

indirektes Objekt

– Tu racontes cette histoire **à ton copain**?
– Erzählst du diese Geschichte deinem Freund?

– Est-ce que la fille parle **à sa copine**?
– Spricht das Mädchen mit ihrer Freundin?

La prof explique les règles **aux élèves**.
Die Lehrerin erklärt den Schülern die Regeln.

L'acteur **ne** dit **pas** bonjour **à ses fans**.
Der Schauspieler begrüßt seine Fans nicht.

indirektes Objektpronomen

– Oui, je **lui** raconte cette histoire.
– Ja, ich erzähle **ihm** diese Geschichte.

– Non, elle **ne lui** parle **pas**.
– Nein, sie spricht nicht mit **ihr**.

Elle **leur** explique les règles.
Sie erklärt **ihnen** die Regeln.

Il **ne leur** dit **pas** bonjour.
Er begrüßt **sie** nicht.

Ein indirektes Objekt ist ein Objekt, das mit der Präposition *à* an das Verb angeschlossen wird: *Il parle à Nathan.* Die indirekten Objektpronomen ersetzen indirekte Objekte: *Il lui parle.*

Erläuterungen zur Stellung der Objektpronomen im Satz findest du auf S. 29.

Das Verb | *Le verbe*

6 Die Formen des Verbs | *Les formes du verbe*

nichtkonjugierte Verbformen

regard**er**   atten**dre**   sort**ir**   faire   avoir   être

Der Infinitiv ist die Grundform des Verbs. An der Endung des Infinitivs (z. B. **-er** oder **-dre**) kannst du oft erkennen, zu welcher Konjugationsgruppe ein Verb gehört. Im Wörterbuch findest du Verben im Infinitiv.

konjugierte Verbformen

	Stamm	Endung		Stamm	Endung
je	regard	**e**	nous	regard	**ons**
tu	regard	**es**	vous	regard	**ez**
il/elle	regard	**e**	ils/elles	regard	**ent**

Eine Übersicht über die Zeiten, die du schon kennst, findest du auf dem Umschlag vorne im Heft.

Verbendungen, die nicht ausgesprochen werden

je	regard**e**	1. Person Singular Präsens
tu	regard**es**	2. Person Singular Präsens
il/elle/on	regard**e**	3. Person Singular Präsens
ils/elles	regard**ent**	3. Person Plural Präsens

Die Endungen der 1., 2., 3. Person Singular und der 3. Person Plural Präsens werden nicht ausgesprochen. Man nennt sie deshalb **stammbetonte Verbformen**.

Verbendungen, die ausgesprochen werden

nous	regard**ons**	1. Person Plural Präsens
vous	regard**ez**	2. Person Plural Präsens

Die Endungen der 1. und 2. Person Plural Präsens werden ausgesprochen. Diese beiden Verbformen sind **endungsbetont**.

Die meisten unregelmäßigen Verben auf **-er** sprichst du also im Präsens viermal gleich aus! [regard] Die Endung sprichst du nicht.

7 Die regelmäßigen Verben auf **-er** | *Les verbes réguliers en* -er

Die regelmäßigen Verben auf **-er** werden alle gleich konjugiert. (❗ *aller* ist unregelmäßig, ▶ S. 62.) Das Konjugationsmuster findest du im *Annexe* auf den Seiten 59–64.

8 Die unregelmäßigen Verben | *Les verbes irréguliers*

Die Konjugation der unregelmäßigen Verben findest du im *Annexe* auf den Seiten 59–64.

Der Satz | *La phrase*

Je m'appelle Céline.	Aussagesatz
Tu es dans la classe de Mathieu?	Fragesatz
Regarde le tableau!	Aufforderungssatz

Du kennst Aussagesätze, Fragesätze und Aufforderungssätze.

9 Die Satzteile | *Les parties de la phrase*

Subjekt	Verb	Ergänzung	
Les élèves	arrivent.		
Mathilde	cherche	ses clés.	direktes Objekt
Théo	parle	à sa prof.	indirektes Objekt
Le livre	est	sur la table.	Ortsangabe
Les filles	partent	à huit heures.	Zeitangabe

Sätze haben in der Regel ein Subjekt und ein Verb. Sätze können auch Ergänzungen haben.
Es gibt unterschiedliche Arten von Ergänzungen, z. B. Objekte, Ortsangaben und Zeitangaben.
Ein direktes Objekt wird direkt, d. h. ohne Präposition an das Verb angeschlossen.
Ein indirektes Objekt wird mit einer Präposition (*à* oder *de*) an das Verb angeschlossen.

10 Die Satzstellung | *L'ordre des mots dans la phrase*

10.1 Die Sätze im *présent* | *Les phrases au présent*

Subjekt	Objekt-pronomen	konjugiertes Verb		Ergänzung
Alex		regarde		une bédé.
Lilli	ne	regarde	rien.	
Alex	la	regarde.		
Lilli	ne le	regarde	pas.	
Sarah	n'	habite	plus	à Berlin.
Yann	ne me	parle	jamais.	
Marek	ne	regarde	personne.	

Die Stellung der Satzglieder in einem französischen Satz ist festgelegt: Subjekt + Verb + Ergänzung.
Im Präsens umschließen die Verneinungswörter *ne ... pas/rien/plus/jamais/personne* das konjugierte
Verb. Ein Objektpronomen steht immer direkt vor dem Verb.

> Satzstellung: Subjekt + *ne* + (Objektpronomen) + Verb + *pas/rien/plus/jamais/personne* + Ergänzung

10.2 Die Sätze im *passé composé* | *Les phrases au passé composé*

Subjekt	Objekt- pronomen		Hilfsverb		Partizip Perfekt	Ergänzung
Alex			a		regardé	une bédé.
Lilli	n'		a	rien	regardé.	
Alex		l'	a		regardé.	
Lilli	ne	l'	a	pas encore	regardé.	
Sarah			a		écrit	à sa copine.
Yann	ne	lui	a	pas	parlé.	
Mathilde	n'		a	plus	parlé	à son frère.
Marek	ne	lui	a	jamais	parlé.	
Marek	n'		a		regardé	personne.

Im *passé composé* umschließen die Verneinungswörter *ne ... pas / pas encore / plus / rien / jamais* das Hilfsverb. Ein Objektpronomen steht im *passé composé* direkt vor dem Hilfsverb.

! Bei der Verneinung *ne ... personne* steht das Verneinungswort *personne* hinter dem Partizip Perfekt.

10.3 Die Sätze im *futur composé* | *Les phrases au futur composé*

> Je ne vais plus surfer cet été.

Subjekt	Form von *aller*		Infinitiv	Ergänzung
Alex		va	regarder	cette bédé.
Lilli	ne	va	pas	regarder	cette bédé.
Anna	ne	va	pas encore	parler	à la prof.
Sarah	ne	va	rien	regarder.	
Yann	ne	va	plus	aller	au cours de tennis.
Sarah	ne	va	jamais	retourner	à Berlin.
Yann	ne	va		voir	personne.

Im *futur composé* umschließen die Verneinungswörter *ne ... pas / pas encore / plus / rien / jamais* nur die konjugierte Form von *aller*.

! Bei der Verneinung *ne ... personne* steht das Verneinungswort *personne* hinter dem Infinitiv.
Über die Stellung der Objektpronomen in verneinten Sätzen im *futur composé* erfährst du mehr auf S. 29.

11 Der Fragesatz | *La phrase interrogative*

Est-ce que Pauline rentre à la maison? — Geht Pauline nach Hause?

Pourquoi est-ce que Nordi ne dort pas? — **Warum** schläft Nordi nicht?

Es gibt Fragen **mit** und Fragen **ohne** Fragewort.

11.1 Die Frage ohne Fragewort | *La question sans pronom interrogatif*

1. Joséphine est à l'école?
2. Est-ce que tu veux manger?

Fragen ohne Fragewort kannst du auf zwei Arten bilden:
1. als Intonationsfrage. Das ist ein Aussagesatz, den du mit steigender Intonation sprichst (Beispiel 1).
2. als Frage mit *est-ce que*. Du stellst *est-ce que* vor den Aussagesatz (Beispiel 2). *Est-ce que* hat im Deutschen keine Entsprechung.

==**Intonation** = Satzmelodie==

11.2 Die Frage mit Fragewort | *La question avec pronom interrogatif*

Qu'	est-ce que	tu regardes?	**Was** siehst du an?
Où	est-ce qu'	elle habite?	**Wo** wohnt sie?
D'où	est-ce que	Pascal vient?	**Woher** kommt Pascal?
Quand	est-ce que	vous avez cours?	**Wann** habt ihr Unterricht?
Pourquoi	est-ce que	Gina veut partir?	**Warum** will Gina gehen?
Comment	est-ce que	tu rentres?	**Wie** kommst du nach Hause?
De quoi	est-ce que	tu parles?	**Wovon** sprichst du?
Avec qui	est-ce qu'	il fait ses devoirs?	**Mit wem** macht er seine Hausaufgaben?
Chez qui	est-ce qu'	ils font la fête?	**Bei wem** feiern sie?
Pour qui	est-ce que	tu achètes le cadeau?	**Für wen** kaufst du das Geschenk?

In Fragen mit Fragewort stellst du das Fragewort vor *est-ce que*.

Fragewort + *est-ce que* + Aussagesatz + ?

Où sont mes clés?

Où **sont** les DVD? — **Wo** sind die DVDs?

Où **est** mon cahier? — **Wo** ist mein Heft?

Qui cherche un hôtel? — **Wer** sucht ein Hotel?

❗ Fragen mit *Où est ...?* / *Où sont ...?* und Fragen mit *Qui ...?* (= Subjekt) stehen ohne *est-ce que*.

Paris: on met le cap sur la capitale!

1 Der Superlativ des Adjektivs | *Le superlatif de l'adjectif*

DAS WEISST DU SCHON

Henri est **grand**.
Henri ist groß.

Alice est **grande**.
Alice ist groß.

Les DVD sont **chers**.
Die DVDs sind teuer.

Les baskets sont **chères**.
Die Turnschuhe sind teuer.

Mit Adjektiven beschreibst du Personen oder Sachen. Im Französischen wird das Adjektiv an das Nomen angeglichen, zu dem es gehört. (▶ *Ce que tu sais déjà*, S. 8–9)

))))) DAS IST NEU

Il veut toujours les baskets
les plus chères!

C'est le pull le plus **cher**.
Das ist der teuerste Pullover.

C'est la jupe la plus **chère**.
Das ist der teuerste Rock.

Ils achètent les vêtements les plus **chers**.
Sie kaufen die teuersten Kleider.

Julie achète les lunettes les plus **chères**.
Julie kauft die teuerste Brille.

Voilà le tee-shirt le moins **cher**.
Das ist das billigste T-Shirt.

Voilà la robe la moins **chère**.
Das ist das billigste Kleid.

Elle porte les vêtements les moins **chers**.
Sie trägt die billigsten Kleider.

Il porte les baskets les moins **chères**.
Er trägt die billigsten Turnschuhe.

Mit dem Superlativ drückst du aus, dass eine Eigenschaft einer Person/Sache unübertroffen ist: „die **teuerste** Hose".
Den französischen Superlativ bildest du, indem du einen Begleiter vor die Steigerungsformen *plus/moins* + Adjektiv stellst.
Der Begleiter ist dabei häufig der bestimmte Artikel.
Das Adjektiv gleichst du an das Nomen an.

> *Superlativ* = die höchste Steigerungsform, z. B. *das interessanteste Buch (le livre le plus intéressant)*

	le		
Superlativ = Nomen +	*la*	+ *plus/moins* +	Adjektiv
	les		

C'est la meilleure actrice!

... et lui, c'est le meilleur acteur!

C'est **le meilleur** ordinateur.
... der beste Computer.

C'est **la meilleure** classe.
... die beste Klasse.

Ce sont **les meilleurs** livres.
... die besten Bücher.

Ce sont **les meilleures** chansons.
... die besten Lieder.

❗ Das Adjektiv **bon** bildet den Superlativ unregelmäßig. **meilleur** wird an das Nomen angeglichen, zu dem es gehört. Dabei steht **meilleur vor** dem Nomen, **plus/moins** entfällt hier.

	❗ Superlativ
bon/**bonne**	**le meilleur** / **la meilleure**
bons/**bonnes**	**les meilleurs** / **les meilleures**
gut/gute	der/die/das beste, die besten

FAIS LE POINT ✔

▶ **Webcode: ATOI-3-GH**

1. Complète par le superlatif de l'adjectif.

a. *Andréa est la fille*  *de notre classe. (++ timide)*
b. *Monsieur Martin est le prof* ❓ *du collège. (–– sympa)*
c. *Voilà la rue* ❓ *de la ville. (++ long)*
d. *Arthur est le garçon* ❓ *avant les interros. (–– stressé)*
e. *À Paris, il y a les musées* ❓ *du monde. (++ célèbre)*
f. *Melissa et Chloé sont mes* ❓ *copines. (++ bon)*

2. Traduis.

a. *Meine Eltern erzählen uns die interessantesten Geschichten.*
b. *Für die Party ziehe ich meine schönsten Kleider an.*
c. *Wir haben das größte Haus im Dorf.*
d. *Mein Bruder hat das kleinste Auto der Familie.*
e. *Karine kauft den billigsten Rock.*
f. *Louis und Amandine machen die besten Kuchen.*

2 Die reflexiven Verben im Präsens | *Les verbes pronominaux au présent*

> Tu viens? On s'amuse bien!

se coucher (schlafen gehen)

je	**me** couche
tu	**te** couches
il/elle/on	**se** couche
nous	**nous** couchons
vous	**vous** couchez
ils/elles	**se** couchent

s'amuser (sich amüsieren)

je	**m'**amuse
tu	**t'**amuses
il/elle/on	**s'**amuse
nous	**nous** amusons
vous	**vous** amusez
ils/elles	**s'**amusent

> Vor Verben, die mit Vokal beginnen, werden die Reflexivpronomen *me, te, se* zu *m', t', s'*.

🇫🇷 Je m'amuse.   Im Französischen steht das Reflexivpronomen vor dem Verb.

🇩🇪 Ich amüsiere **mich**.   Im Deutschen steht das Reflexivpronomen hinter dem Verb.

> Reflexivpronomen = ***me/m', te/t', se/s', nous, vous, se/s'***

Je	ne	m'entraîne	pas	aujourd'hui.	Ich trainiere heute nicht.
Nous	ne	nous couchons	jamais	après dix heures.	Wir gehen nie nach zehn Uhr ins Bett.

Im verneinten Satz umschließen die Verneinungswörter das Reflexivpronomen und das Verb.

🇫🇷 🇩🇪

se passer	passieren, geschehen
se doucher	duschen
se lever	aufstehen
se coucher	schlafen gehen
s'entraîner	trainieren, üben

❗ Nicht jedes französische reflexive Verb kannst du mit einem deutschen reflexiven Verb übersetzen.

FAIS LE POINT ✔

▶ Webcode: ATOI-3-GH

Complète par les verbes pronominaux *s'entraîner, s'amuser, se dépêcher, se lever.*

1. *Le matin, Laura* ❓ *à 7 heures.*

2. *Antoine et son frère* ❓ *de prendre le bus.*

3. *– Vous* ❓ *souvent?*
   – Oui, nous ❓ *tous les jours.*

4. *À la fête de Chloé, tous les copains* ❓.

3 Das unregelmäßige Verb *conduire* | *Le verbe irrégulier* conduire

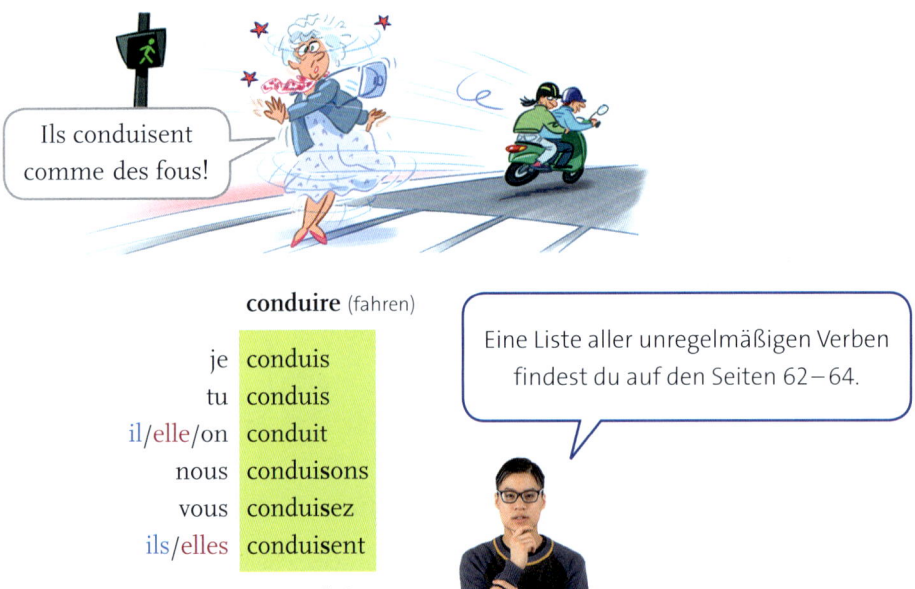

conduire (fahren)

je	conduis
tu	conduis
il/elle/on	conduit
nous	conduisons
vous	conduisez
ils/elles	conduisent

Eine Liste aller unregelmäßigen Verben findest du auf den Seiten 62–64.

passé composé j'ai **conduit**

Das Verb **conduire** hat regelmäßige Formen im Singular. Die Pluralformen haben ein zusätzliches **-s-** vor der Personalendung.

FAIS LE POINT ✓ ▸ **Webcode: ATOI-3-GH**

Complète par les formes du verbe *conduire*.

1. *Mes cousins* [?] *depuis deux mois.*
2. *– Tu* [?] *souvent? – Oui, je* [?] *tous les jours.*
3. *– Vous* [?] *une Peugeot 304? – Non, mon ami et moi, nous* [?] *une Renault Clio.*
4. *Hier, Louise* [?] *son frère à l'école.*
5. *Tarik* [?] *comme un super-héros.*

---

4 Die indirekte Rede/Frage im Präsens | *Le discours indirect et la question indirecte au présent*

DAS WEISST DU SCHON

Sophie: «Les Champs-Élysées sont super!» → Elle **dit que** les Champs-Élysées sont super.
Sie **sagt, dass** die Champs-Élysées super sind.

Alexandre: «Est-ce que la glace est bonne?» → Alexandre **demande si** la glace est bonne.
Alexandre **fragt, ob** das Eis gut schmeckt.

Wenn du wiedergibst, was eine andere Person gesagt/gefragt hat, verwendest du die indirekte Rede/Frage.

Vous êtes amoureux?
Alors, ici, sur le Pont des
Arts, vous pouvez mettre
un cadenas avec vos noms!

Il dit que nous
pouvons mettre
un cadenas avec nos
noms sur le pont!

direkte Rede

Charlotte: «Je suis nulle en allemand.»

Marek et Ben: «Nous cherchons notre chien!»

indirekte Rede

→ Charlotte dit qu'elle est nulle en allemand.
   Charlotte sagt, dass sie schlecht in Deutsch ist.

→ Marek et Ben disent qu'ils cherchent leur chien.
   Marek und Ben sagen, dass sie ihren Hund suchen.

Wenn du Sätze von der direkten in die indirekte Rede/Frage umformst, musst du auch die
Pronomen, Verben und die Begleiter der veränderten Situation anpassen, z. B.: je suis → il/elle est;
notre chien → leur chien.

> indirekte Rede:
>   **dire que** + Aussagesatz mit veränderten Pronomen, Verbformen und Begleitern

direkte Frage

Arno: «**Est-ce que** vous avez faim?»

Sandy: «**Quand est-ce qu'**on va au musée?»

indirekte Frage

→ Arno **demande si** nous avons faim.
   Arno **fragt, ob** wir Hunger haben.

→ Sandy **demande quand** ils vont au musée.
   Sandy **fragt, wann** sie ins Museum gehen.

[!] Die indirekte Frage leitest du mit dem Verb **demander si** oder **demander** + Fragewort ein.

> indirekte Frage:
>   **demander si**
>   **demander** + Fragewort   + Aussagesatz mit veränderten Pronomen, Verbformen und Begleitern

> ### FAIS LE POINT   ▶ Webcode: ATOI-3-GH
>
> Qu'est-ce qu'ils disent/demandent? Utilise le discours indirect et la question indirecte.
>
> 1. *Les parents: «Nous allons au cinéma ce soir!»*
> 2. *Les enfants: «Est-ce que nous pouvons jouer maintenant?»*
> 3. *Louis: «Pourquoi est-ce que je ne peux pas faire du tennis?»*
> 4. *La mère: «J'ai fait un gâteau pour vous.»*
> 5. *Le père: «Est-ce que Lucas aime le foot?»*

5   Das Pronomen *y* | *Le pronom* y

On va à pied au cinéma
ou on y va en taxi?

5.1   Die Verwendung von *y* | *L'emploi de* y

– Tu vas souvent <u>au Québec</u> et <u>en France</u>?
– <small>Fliegst du oft nach Québec und nach Frankreich?</small>

– Oui, j'**y** vais chaque année.
– <small>Ja, ich fliege jedes Jahr **dorthin**.</small>

– Qu'est-ce que vous avez vu <u>dans ce musée</u>?
– <small>Was habt ihr in diesem Museum gesehen?</small>

– On **y** a vu La Joconde.
– <small>Wir haben **dort** die Mona Lisa gesehen.</small>

– Qu'est-ce qu'il y a <u>sur ce site</u>?
– <small>Was gibt es auf dieser Webseite?</small>

– On **y** trouve des informations sur le foot.
– <small>Man findet **dort** Informationen über Fußball.</small>

– Tu penses <u>à l'interro</u>?
– <small>Denkst du an den Test?</small>

– Non je n'**y** pense plus.
– <small>Nein, ich denke nicht mehr **daran**.</small>

Das Pronomen *y* ersetzt Ortsangaben mit Präpositionen, z. B. mit *à, dans, en, sous, sur*.
Es ersetzt Ortsangaben, die auf die Fragen „Wo?" oder „Wohin?" Antwort geben. Du übersetzt *y* mit
da, dort oder *dorthin*. Es kann aber auch für Verbergänzungen stehen, die mit *à* eingeleitet werden.
Dann übersetzt du *y* mit *daran, dafür, …*

❗ *y* ersetzt keine Ortsangaben mit *de*.
❗ Du darfst *y* nicht verwenden, wenn du von einer Person sprichst. *(Elle pense <u>à Léo</u>. → Elle pense **à lui**.)*

🇫🇷 On **y** va!   Vas-**y**!   J'**y** vais.   Je n'**y** comprends rien.
🇩🇪 Los geht's!   Mach schon! / Geh nur!   Ich gehe hin/schon.   Ich verstehe gar nichts.

Manchmal übersetzt du das Pronomen *y* nicht. Lerne diese Wendungen oben auswendig.

5.2   Die Satzstellung von *y* | *La place de* y *dans la phrase*

– Tu es allé à la fête, vendredi?   – Oui, j'**y** **suis allé**.   <small>Ich bin dorthin gegangen.</small>
– Il va participer à la course?   – Oui, il **va y participer**.   <small>Er wird daran teilnehmen.</small>

❗ Beim *présent* steht das Pronomen vor dem konjugierten Verb, beim *passé composé* steht das Pronomen *y* vor dem konjugierten Hilfsverb (*être* oder *avoir*). Beim *futur composé* steht *y* vor dem Infinitiv.

FAIS LE POINT ✔   ▶ **Webcode: ATOI-3-GH**

Complète les réponses. Utilise le pronom *y*.

1. – *Le chat est sous la table? – Oui, il* [?] .
2. – *Quelqu'un est dans le salon? – Oui, nous* [?] !
3. – *Les DVD sont sur l'étagère? – Non, ils* [?] .
4. – *Tu es allé dans cette école? – Oui, je/j'* [?] .

5. – *Tu as pensé à la fête de Léa?*
    – *Oui, je/j'* [?] .
6. – *Le musée ressemble à un bateau?*
    – *Non, il* [?] .

6 Die betonten Personalpronomen | *Les pronoms toniques*

– Alice, c'est qui?   – C'est **moi**.   – Où est mon livre?   – Il est derrière **toi**.
– Wer ist Alice?   – Das bin **ich**.   – Wo ist mein Buch?   – Es ist hinter **dir**.

Du kennst bereits die unverbundenen Personalpronomen. Sie sind nicht mit einem Verb verbunden.
(Erläuterungen ▶ S. 11)

))))) **DAS IST NEU**

Moi, je veux aller au roller parc.	**Ich** *(betont)* möchte zum Skatepark gehen.
Toi, tu n'es pas invité.	**Du** *(betont)* bist nicht eingeladen.
Lui, il est toujours en retard.	**Er** *(betont)* ist immer zu spät.
Elle, elle adore les livres.	**Sie** *(betont)* liebt Bücher.
Nous, on n'habite pas ici.	**Wir** *(betont)* wohnen nicht hier.
Nous, nous aimons le shopping.	**Wir** *(betont)* gehen gerne shoppen.
Vous, vous restez ici!	**Ihr** *(betont)* bleibt hier!
Eux, ils arrivent plus tard.	**Sie** *(betont)* kommen später an.
Elles, elles ont déjà mangé.	**Sie** *(betont)* haben schon gegessen.

Moi, je reste ici!

Die betonten Personalpronomen werden im Französischen auch zur Verstärkung verwendet. Sie stehen dann zusätzlich zum verbundenen Personalpronomen im Satz und werden durch Komma getrennt.

🇫🇷 Moi, je rentre.   🇩🇪 Ich gehe nach Hause.

Das betonte Personalpronomen übersetzt du nicht. Im Deutschen wird es nur durch stärkere Betonung ausgedrückt.

Die betonten Personalpronomen:

Singular			Plural	
je → moi *il → lui*		*on → nous*	*nous → nous* *ils → eux*	
tu → toi *elle → elle*			*vous → vous* *elles → elles*	

In der französischen Umgangssprache können die betonten Personalpronomen auch am Ende des Satzes stehen.

Ça va, **toi**?   Und wie geht's **dir** *(betont)*?
Je ne sais pas, **moi**!   Das weiß **ich** *(betont)* doch nicht!

FAIS LE POINT ✔   ▶ **Webcode: ATOI-3-GH**

1. Complète par le pronom correct.

a. [?], je reste à la maison.
b. [?], il gagne toujours.
c. [?], ils vont à l'école ensemble.
d. [?], on n'aime pas les pizzas.
e. [?], elles ont faim.

2. Traduis. Utilise les pronoms toniques.

a. **Wir** essen kein Fleisch!
b. **Ich** hasse Fisch.
c. **Du** isst Schnecken?
d. Lisa und Théo? **Sie** gehen zu Mac Donald's?
e. **Sie** ist deine Freundin?

A comme amour ... ou comme amitié!

1 Das Relativpronomen *où* | *Le pronom relatif* où

C'est la maison où tu habites?

C'est un endroit	**où** on peut faire de l'escalade.	Das ist ein Ort, **wo / an dem** man klettern kann.
Je connais le village	**où** tu habites.	Ich kenne das Dorf, **wo / in dem** du wohnst.

Mit dem Relativpronomen **où** leitest du einen Relativsatz ein.
Où steht für eine Ortsangabe. Auf **où** folgt das Subjekt des Relativsatzes.

Denk an den Akzent auf dem *où*!

Genau, denn auf dem „wo" sitzt ein Floh!

Relativsatz = **où** + Subjekt + Verb (+ Ergänzung)

FAIS LE POINT ✔

▶ **Webcode: ATOI-3-GH**

Mets les mots dans l'ordre.

1. *Voilà l'appartement (j' / avec / mes / parents / où / habite).*
2. *Paris, c'est une ville (on / intéressants / où / rencontre / beaucoup de / gens).*
3. *Ils cherchent un restaurant (ils / manger / plat / où / peuvent / leur / préféré).*
4. *C'est l'endroit (nous / où / camping / du / faire / allons).*

2 Die Relativpronomen *qui* und *que* | *Les pronoms relatifs* qui et que

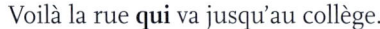

Voilà la rue **qui** va jusqu'au collège.   Voilà la boulangerie **que** je préfère.

Qui

	Subjekt	Verb	
C'est un copain	**qui**	comprend mes problèmes.	... ein Freund, **der** meine Probleme versteht.
C'est une fille	**qui**	fait de la musique.	... ein Mädchen, **das** Musik macht.
Elle essaye un pantalon	**qui**	coûte cher.	... eine Hose, **die** teuer ist.
Il voit des filles	**qui**	chantent.	... Mädchen, **die** singen.

Das Relativpronomen *qui* leitet einen Relativsatz ein.
Mit einem Relativsatz mit *qui* kannst du nähere Angaben
zu Personen und Sachen machen.
Qui ist immer das Subjekt des Relativsatzes. Daher folgt
auf *qui* ein Verb.

Qui bleibt immer *qui*!
Du verkürzt es nie!

Das Relativpronomen *qui* ist unveränderlich, es steht für männliche und weibliche Nomen im Singular
oder im Plural.

Que

	Objekt	Subjekt	
Voilà le livre	**que**	j'ai lu.	Das ist das Buch, **das** ich gelesen habe.
C'est la prof	**que**	tout le monde aime.	Das ist die Lehrerin, **die** alle mögen.
Voilà le garçon	**qu'**	il cherche.	Das ist der Junge, **den** er sucht.
Tu connais les filles	**que**	je vois?	Kennst du die Mädchen, **die** ich sehe?

Auch das Relativpronomen *que* leitet einen Relativsatz ein.
Mit einem Relativsatz mit *que* kannst du nähere Angaben
zu Personen oder Sachen machen.
Que ist immer das Objekt des Relativsatzes. Daher folgt
auf *que* das Subjekt des Relativsatzes.

Vor einem Wort mit
Vokal oder stummem
h- wird *que* zu *qu'*.

Relativsatz =	*qui*	+ Verb
	que/qu'	+ Subjekt

Dont (rezeptiv)

Il a cinq fils **dont** deux habitent à Paris.   Er hat fünf Söhne, **von denen** zwei in Paris wohnen.

Das Relativpronomen *dont* gibt eine Zugehörigkeit an. *Dont* kann sich sowohl auf Personen als auf
Gegenstände beziehen.

FAIS LE POINT ✔   ▶ **Webcode: ATOI-3-GH**

Note les phrases puis traduis-les:

1. C'est la chanson		mon frère raconte.
2. Voilà la fille	*qui*	elle veut pour son anniversaire.
3. C'est la robe	*que*	j'écoute tout le temps.
4. Ce sont les histoires	*qu'*	chante super bien.

3 Die Frage mit *Qu'est-ce que* und *Qu'est-ce qui* |
La question avec Qu'est-ce que *et* Qu'est-ce qui

DAS WEISST DU SCHON

Qu'est-ce qu'il y a dans ta chambre?   **Was** gibt es in deinem Zimmer?

Qu'est-ce que tu cherches?   **Was** suchst du?

Mit *Qu'est-ce que ...?* fragst du nach Sachen, die direktes Objekt eines Satzes sind.
(▶ *Ce que tu sais déjà*, S. 16)

)))) DAS IST NEU

Frage nach dem Objekt

Qu'est-ce **que** tu as acheté?   Was hast du gekauft?

J'ai acheté **un livre**.   Ich habe **ein Buch** gekauft.

Frage nach dem Subjekt

Qu'est-ce **qui** est moche?   **Was** ist hässlich?

Le tableau est moche.   **Das Gemälde** ist hässlich.

Mit *Qu'est-ce que/qu' ... ?* fragst du nach Sachen, die direktes Objekt eines Satzes sind.
Nach Sachen, die Subjekt sind, fragst du mit *Qu'est-ce qui ...?*

Das *Qu'* am Anfang der Frage zeigt an, dass du nach Sachen fragst.

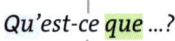

Qu'est-ce **que** ...?   Qu'est-ce **qui** ...?

Das **que** am Ende der Frage zeigt an, dass du nach dem **Objekt** fragst.

Das **qui** am Ende der Frage zeigt an, dass du nach dem **Subjekt** fragst.

Und woher weiß ich, welche Frage ich nehmen muss?

Du suchst das Subjekt des Fragesatzes (wer oder was?).
Findest du eines, nimmst du *qu'est-ce* **que**.
Auf *qu'est-ce* **que** folgt immer ein Nomen oder ein Pronomen.
Findest du kein anderes Subjekt, nimmst du
qu'est-ce **qui**.
Sieh dir die Beispiele auf der nächsten Seite an!

Subjekt des Fragesatzes:

Qu'est-ce **que** tu dis?   Was sagst **du**?   Qu'est-ce **qui** est intéressant?   **Was** ist interessant?

(→ Je dis que c'est beau.)   (→ Le film est intéressant.)

Qu'est-ce **qu'il** chante?   Was singt **er**?   Qu'est-ce **qui** s'est passé?   **Was** ist passiert?

(→ Il chante une chanson de Tal.)   (→ Tim est tombé de vélo.)

Qu'est-ce qui	+ Verb	
Qu'est-ce que/qu'	+ Subjekt	+ Verb

FAIS LE POINT ✓   ▸ **Webcode: ATOI-3-GH**

Complète par *Qu'est-ce que* ou *Qu'est-ce qui*.

1. *tu préfères: les films ou les livres?*
2. ? *il veut faire pendant les vacances?*
3. *À ton avis,* ? *est plus sympa: faire du camping ou dormir à l'hôtel?*
4. ? *fait ce bruit?*
5. ? *vous faites maintenant?*
6. ? *coûte cher: son cadeau ou mon foulard?*

4   Die Frage mit *Qui est-ce que* und *Qui est-ce qui* | La question avec *Qui est-ce que* et *Qui est-ce qui*

Qui est-ce que je vois là?

Qui est-ce qui a eu cette idée?

Frage nach dem Subjekt

Qui est-ce qui a appelé?   **Wer** hat angerufen?

Mon frère a appelé.   **Mein Bruder** hat angerufen.

Qui est-ce qui rigole souvent en classe?   **Wer** lacht oft im Unterricht?

Marie rigole souvent en classe.   **Marie** lacht oft im Unterricht.

Frage nach dem Objekt

Qui est-ce que tu as appelé?   **Wen** hast du angerufen?

J'ai appelé **mon cousin**.   Ich habe **meinen Cousin** angerufen.

Qui est-ce qu'on invite à la fête?   **Wen** laden wir zur Party ein?

On invite **nos amis**.   Wir laden **unsere Freunde** ein.

Mit ***Qui est-ce qui* …?** fragst du nach Personen, die Subjekt eines Satzes sind.
Nach Personen, die direktes Objekt eines Satzes sind, fragst du mit ***Qui est-ce que* …?**
Auf ***qui est-ce que*** folgt immer ein Nomen oder ein Pronomen.

Gibt es kein anderes Subjekt, verwendest du **Qui est-ce qui**.

Qui est-ce qui ...? kannst du zu **Qui ...?** verkürzen. (*Qui est-ce qui est là? → Qui est là?*)

Qui est-ce qui	+	Verb		
Qui est-ce que/qu'	+	Subjekt	+	Verb

FAIS LE POINT ✓ ▶ **Webcode: ATOI-3-GH**

Complète par **Qui est-ce que** ou **Qui est-ce qui**.

1. [?] *déménage à Paris?*
2. [?] *veut partager son dessert avec moi?*
3. [?] *nous invitons à la fête?*
4. [?] *raconte les meilleures blagues?*
5. [?] *elle ne veut plus voir?*
6. [?] *a perdu sa veste?*
7. [?] *tu vas emmener au club de foot?*

5 Die Adjektive auf *-eux/-euse* | *Les adjectifs en* -eux/-euse

Il est courageux.

	masculin	féminin
singulier	Fabien est heur**eux**.	Laure est heur**euse**.
pluriel	Fabien et Thomas sont heur**eux**.	Sarah et Laure sont heur**euses**.

Die Adjektive auf **-eux** haben nur **eine** männliche Form im Singular und Plural. Die femininen Formen enden auf **-euse/-euses**. Du kennst aus dieser Gruppe außerdem noch die Adjektive **malheureux, joyeux** und **courageux**.

FAIS LE POINT ✓ ▶ **Webcode: ATOI-3-GH**

Comment est-ce qu'ils sont? Utilise les formes des adjectifs **malheureux, joyeux, courageux, heureux**.

1. *La petite fille a perdu son chien. Elle est* [?] .
2. *Tom et Arthur font la fête. Ils sont* [?] .
3. *Ces filles n'ont pas peur. Elles sont* [?] .
4. *Mon copain a une mauvaise note en maths. Il est* [?] .
5. *Ludo a une nouvelle copine. Il est* [?] .

6 Die Stellung der Objektpronomen und *y* vor dem Infinitiv | *La place des pronoms objets et* y *devant l'infinitif*

DAS WEISST DU SCHON

– Qui cherche ses clés?
Wer sucht seine Schlüssel?

– Tamara **les** cherche.
Tamara sucht **sie**.

– Tu as parlé à ta copine?
Hast du mit deiner Freundin gesprochen?

– Oui, je **lui** ai parlé.
Ja, ich habe mit **ihr** gesprochen.

– Il va en France?
Fährt er nach Frankreich?

– Non, il n'**y** va pas.
Nein.

Im *présent* und im *passé composé* stehen die Objektpronomen und das Pronomen *y* vor dem konjugierten Verb. (▶ *Ce que tu sais déjà*, S. 14–15)

)))) DAS IST NEU

Tu peux m'appeler?

D'accord. Je vais t'appeler ce soir.

Subjekt	konjugiertes Verb			Objektpronomen/**y**	Infinitiv	
Tu	vas			**m'**	écouter?	Wirst du **mir** zuhören?
On	va			**t'**	inviter!	Wir werden **dich** einladen!
Théo	veut			**le/la**	chercher.	Théo will **ihn/sie** suchen.
Arno	ne	peut	pas	**nous**	aider.	Arno kann **uns** nicht helfen.
Il	faut			**vous**	aider!	Man muss **euch** helfen!
Il	ne	faut	pas	les	acheter.	Man soll/darf **sie** nicht kaufen.
Marie	va			y	passer.	Marie wird **dort** vorbeigehen.
Ils	ne	vont	rien	leur	montrer.	Sie werden **ihnen** nichts zeigen.
Nous	ne	voulons	pas	y	aller.	Wir möchten nicht **dorthin** gehen.

Die Objektpronomen und *y* stehen vor dem Infinitiv
– im *futur composé*,
– in Sätzen mit einem Modalverb (z. B. *pouvoir, vouloir*),
– in Sätzen mit *il faut* + Infinitiv.
Die Verneinungsklammer umschließt das konjugierte Verb.

Subjekt	(*ne*)	Modalverb *(pas)* konjugierte Form von *aller (pas)*	Objektpronomen *y*	Infinitiv
Il (ne) faut (pas)				

FAIS LE POINT ✔   ▶ Webcode: ATOI-3-GH

Mets les mots dans l'ordre. Puis trouve la bonne situation.

1. écouter / Nous / allons / l' / .
2. lui / parler / Il / faut / .
3. Vous / comprendre / « / pouvez / ne / » / pas / nous / .
4. courage / chanson / va / Cette / donner / du / me / .
5. Léna / leur / maison / veut / montrer / sa / .
6. aider / Il / faut / maintenant / les / .

a. Les corres sont arrivés.
b. Omar a fait mal à une élève de 6ᵉ.
c. J'ai le nouvel album de Soha!
d. Trois enfants sont tombés d'un mur d'escalade.
e. Je n'ai pas le moral.
f. Les enfants discutent avec leurs parents:

7 Die Adjektive *beau, nouveau, vieux** | *Les adjectifs* beau, nouveau, vieux*

> J'en ai marre, j'ai un vieil ordinateur, un vieux portable et une vieille console!

> Il te faut un nouveau job? Lave la nouvelle voiture des voisins et promène leurs beaux chiens. Comme ça, tu peux tout t'acheter!

J'ai vu un **beau** tableau.   Ich habe ein schönes Gemälde gesehen.
Chloé a une **nouvelle** adresse.   Chloé hat eine neue Adresse.
C'est un **vieil** ordinateur.   Das ist ein alter Computer.

*Die Adjektive *nouveau* und *beau* kennst du bereits.

	masculin		féminin	
	vor Konsonant	vor Vokal	vor Konsonant	vor Vokal
singulier	le **beau** pull le **nouveau** pull le **vieux** pull	le **bel** instrument le **nouvel** instrument le **vieil** instrument	la **belle** robe/idée la **nouvelle** robe/idée la **vieille** robe/idée	
pluriel	les **beaux** pulls les **nouveaux** pulls les **vieux** pulls	les **beaux** instruments les **nouveaux** instruments les **vieux** instruments	les **belles** robes les **nouvelles** robes les **vieilles** robes	les **belles** idées les **nouvelles** idées les **vieilles** idées

Die Adjektive **beau, nouveau** und **vieux** haben zwei Besonderheiten: Sie stehen vor dem Nomen (▶ S. 32) und sie haben im Singular zwei männliche Formen:
– **beau, nouveau** und **vieux** stehen vor männlichen Nomen im Singular, die mit einem Konsonanten beginnen,
– **bel, nouvel** und **vieil** stehen vor männlichen Nomen, die mit Vokal oder einem stummen **h-** beginnen.
Vor weiblichen Nomen im Singular steht immer **belle/nouvelle/vieille**.
Im Plural haben diese Adjektive nur eine männliche Form: **beaux/nouveaux/vieux**.

les **beaux** instruments   die schönen Instrumente
les **nouvelles** idées   die neuen Ideen

Im Plural bindest du das **-x** und das **-s** mit dem Vokal des folgenden Nomens.

❗ Die Formen **bel**/**nouvel**/**vieil** verwendest du nur direkt vor einem Nomen mit einem Vokal oder einem stummen **h-**.

Au singulier

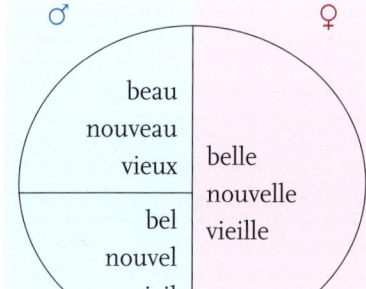

Au pluriel

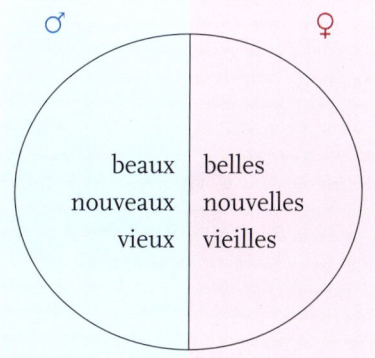

▶ Webcode: ATOI-3-GH

FAIS LE POINT

Complète par les formes des adjectifs **nouveau, beau** et **vieux**. Il y a plusieurs possibilités.

1. *Nous déménageons dans notre* ? *appartement.*
2. *Le français est une* ? *langue.*
3. *Cette recette est un* ? *secret.*
4. *Mon père raconte toujours des* ? *blagues.*
5. *Hier, j'ai vu une* ? *exposition.*
6. *Ma sœur fait toujours des* ? *voyages.*
7. *Cet accordéon est* ? ? *– Oui, c'est un* ? *accordéon.*

8 Die vorangestellten Adjektive | *Les adjectifs épithètes*

J'aime <u>les vêtements</u> **bleus/noirs/verts**.
Ich mag **blaue/schwarze/grüne** <u>Kleider</u>.

Manu lit <u>un livre</u> **intéressant/anglais/formidable/sympa**.
Manu liest <u>ein</u> **interessantes/englisches/tolles/nettes** <u>Buch</u>.

Die meisten französischen Adjektive stehen **hinter** dem Nomen.

Elle a une jolie robe!

Elle a un nouveau copain!

Inès a une	**grande/petite** chambre.	Ines hat ein großes/kleines Zimmer.
Mathis a un	**nouveau/beau** tee-shirt.	Mathis hat ein neues/schönes T-Shirt.
Ils ont une	**jeune/jolie** prof.	Sie haben eine junge/hübsche Lehrerin.
C'est une	**bonne** idée.	Das ist eine gute Idee.

Eine kleine Gruppe von häufig verwendeten Adjektiven steht **vor dem Nomen**. Dazu gehören *beau, bon, grand, jeune, joli, long, nouveau, petit, vieux*.

Merke:
Bon, joli, jeune et beau
grand, vieux, petit et nouveau
aussi **long**,
tous devant!
Lerne die vorangestellten Adjektive auswendig.
Alle anderen stellst du hinter das Nomen.

Hier, j'ai acheté un **nouveau** <u>livre</u> **intéressant**.
Gestern habe ich ein interessantes neues Buch gekauft.

Dans ma rue, il y a un **joli petit** <u>café</u> **célèbre**.
In meiner Straße gibt es ein hübsches, kleines und berühmtes Café.

❗ Bei einem Nomen können auch mehrere Adjektive stehen: vor- und nachgestellte.

C'est la <u>ville</u> **la plus belle** de la région.
C'est **la plus belle** <u>ville</u> de la région.

❗ Im Superlativ können die vorangestellten Adjektive vor oder nach dem Nomen stehen. (▶ S. 17)

FAIS LE POINT ✔ ▶ **Webcode: ATOI-3-GH**

Traduis.

1. *ein schönes Haus*
2. *die gute Schülerin*
3. *ein interessantes Buch*
4. *ein toller neuer Film*
5. *die hübsche grüne Jacke*
6. *ein mutiges kleines Mädchen*
7. *ein großer schrecklicher Hund*
8. *eine lange Straße*

9 Das unregelmäßige Verb *plaire* | *Le verbe irrégulier* plaire

> Elles te plaisent?

> Et il me plaît aussi.

> Oui beaucoup!

> Il ne me plaît pas!

plaire (gefallen)

je	plais
tu	plais
il/elle/on	plaît
nous	plaisons
vous	plaisez
ils/elles	plaisent

passé composé il/elle a **plu**

> Wie merk ich mir das nur?

> Wichtig sind vor allem **il/elle plaît** und **ils/elles plaisent**. Merk sie dir.
> Die brauchst du häufig:
> «*Ta question me plaît.*»
> «*Est-ce que mes réponses te plaisent aussi?*»

Cette casquette **plaît à** mon frère.	Diese Mütze gefällt meinem Bruder.
Les bédés **plaisent aux** jeunes.	Die Comics gefallen den Jugendlichen.
La casquette **lui plaît**.	Die Mütze gefällt ihm.
Les bédés **leur plaisent**.	Die Comics gefallen ihnen.

❗ Auf das Verb *plaire* folgt ein indirektes Objekt, das du mit der Präposition *à* anschließen musst (*plaire à qn* – *jdm gefallen*).

FAIS LE POINT ✔

▶ **Webcode: ATOI-3-GH**

Complète par les formes du verbe *plaire*.

1. *Cette musique me* [?] *beaucoup.*
2. *Les séries américaines ne me* [?] *pas.*
3. *– Je ne te* [?] *pas dans cette robe? – Si, tu me* [?] *toujours!*
4. *Nous* [?] *aux profs, ils nous aiment beaucoup.*
5. *– Madame, vous* [?] *à cet homme. – Ah bon? Il ne me* [?] *pas!*

1 Das unregelmäßige Verb *croire* | *Le verbe irrégulier* croire

croire (glauben)

je	**crois**
tu	**crois**
il/elle/on	**croit**
nous	**croyons**
vous	**croyez**
ils/elles	**croient**

Die Endungen des Verbs **croire** sind regelmäßig:
-s, -s, -t, -ons, -ez, -ent.
In der 1. und 2. Person Plural steht ein **-y-** anstelle des **-i-**.

passé composé j'ai **cru**

FAIS LE POINT ✓

▶ **Webcode: ATOI-3-GH**

Traduis les phrases. Utilise le verbe **croire**.

1. *Pierre hat mir nicht geglaubt.*
2. *Charlotte und Marie glauben, dass das neue Café großartig sein wird.*
3. *Wir glauben, dass unser Lehrer nicht gut drauf ist.*
4. *Glaubt ihr, dass ihr gewinnen werdet?*
5. *Glaubst du, dass Marie dieses Lied mag?*
6. *Ich glaube, dass ich eine Nachricht von meinem Freund habe.*

---

2 Der Komparativ des Adjektivs | *Le comparatif de l'adjectif*

DAS WEISST DU SCHON

Il est intelligent.   Ils sont intelligents.   Elle est intelligente.   Elles sont intelligentes.
C'est le pull le **plus** cher.   Ce sont les baskets les **moins** chères.

Mit Adjektiven kannst du Personen oder Sachen näher beschreiben. Französische Adjektive werden immer an das Nomen angeglichen, zu dem sie gehören. (▶ S. 8; 17.1)

⟩⟩⟩⟩ DAS IST NEU

Léo est **plus** grand qu'Éric.

Éric est **aussi** grand que Léa.

Zoé est **moins** grande que Léa.

Wenn du Personen oder Dinge miteinander vergleichst, brauchst du dafür den Komparativ des Adjektivs: „Arthur ist **größer als** Mathis."

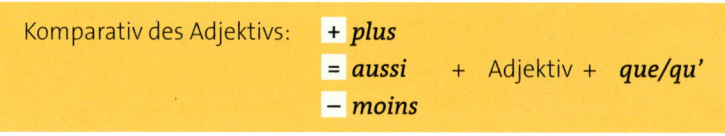

Komparativ = Steigerungsform des Adjektivs

Um zu vergleichen, stellst du im Französischen **plus, aussi** oder **moins** vor das Adjektiv und das Vergleichswort **que** dahinter.

Komparativ des Adjektivs:
- **+** **plus**
- **=** **aussi** + Adjektiv + **que/qu'**
- **−** **moins**

🇫🇷 Französisch	🇬🇧 Englisch	🇩🇪 Deutsch
− Le livre est **moins cher que** le DVD.	... cheaper than ...	... billiger als ...
= Les DVD sont **aussi chers que** les bédés.	... as expensive as ...	... genauso teuer wie ...
+ La bédé est **plus chère que** le livre.	... more expensive than ...	... teurer als ...

Schau genau hin:
In allen drei Sprachen werden die Adjektive ähnlich gesteigert.

− Tarik est **moins bon que** Théo.	... schlechter als ...
= Alice est **aussi bonne que** Tarik.	... genauso gut wie ...
+ Alice est **meilleure que** Sarah.	... besser als ...

! Der Komparativ von **bon** ist unregelmäßig. Wie beim Superlativ wird **meilleur** an das Nomen angeglichen, zu dem es gehört.

− **moins bon/bonne que**	schlechter als
= **aussi bon/bonne que**	genauso gut wie
+ **meilleur/meilleure que**	besser als

FAIS LE POINT ✓   ▸ **Webcode: ATOI-3-GH**

Complète par le comparatif des adjectifs **bon, cher, grand, joli, stressé, important**. Fais attention à l'accord. Plusieurs adjectifs sont possibles.

1. *Cette jupe est* ? *la robe.* **+**
2. *Avant l'interro, Camille est* ? *Jules.* **−**
3. *Arno trouve que le rugby est* ? *le foot.* **=**
4. *Les maisons dans ma rue sont* ? *les maisons dans ta rue.* **−**
5. *Pour Alice, les copains sont* ? *l'école.* **+**
6. *Ce pantalon et ce sac coûtent 20 euros. Ils sont* ? *ton livre.* **=**
7. *Mon gâteau est* ? *des tartines.* **+**

3 Der Nebensatz mit *que* | *La proposition subordonnée avec* que

J'espère qu'il va gagner!

Je crois que tu l'aimes bien …!

Hauptsatz	Nebensatz		
J'espère	qu'	on va trouver le coupable.	Ich hoffe, dass wir den Schuldigen finden werden.
Je crois	que	j'ai perdu mes clés.	Ich glaube, dass ich meine Schlüssel verloren habe.
Je trouve	que	les échanges sont importants.	Ich finde, dass Schüleraustausche wichtig sind.
Je pense	que	le CPE est au courant.	Ich denke, dass der Schulbetreuer auf dem Laufenden ist.

Ein Nebensatz ist ein Satz, der nicht alleine stehen kann. Hier sind die Nebensätze durch die Konjunktion *que/qu'* mit den Hauptsätzen verbunden.

Konjunktion = das Bindewort

	Hauptsatz	Nebensatz			
			Subjekt	**Verb**	**Ergänzung**
🇫🇷	Je trouve	que	la course	va être	intéressante.
			Subjekt	**Ergänzung**	**Verb**
🇩🇪	Ich finde,	dass	das Rennen	interessant	sein wird.

Im französischen Nebensatz stellst du die Worte in dieselbe Reihenfolge wie in einem Hauptsatz: Subjekt + Verb + Ergänzung. Im deutschen Nebensatz steht das Verb dagegen am Ende des Satzes.

> Nebensatz mit *que/qu'*:
> *que/qu'* + Subjekt + Verb (+ Ergänzung)

FAIS LE POINT ✔

▶ Webcode: ATOI-3-GH

1. Retrouve les phrases et écris-les dans ton cahier.

   a. *Je crois que (voisins / les / vacances / sont / en / partis).*
   b. *Les élèves trouvent qu' (devoirs / ont / ils / trop / de).*
   c. *Le médiateur pense que (problème / est / violence / la / école / à l' / un).*
   d. *Anaïs espère que (prof / va / ne / l' / interroger / pas / sa).*

2. Traduis les phrases de 1 et surligne les verbes et les compléments *(Ergänzungen)* dans les phrases allemandes et françaises.

4 Die Verben auf -ir (Typ *finir*) | *Les verbes en* -ir *(type* finir*)*

finir (beenden)

	Stamm	Endung
je	fini	s
tu	fini	s
il/elle/on	fini	t
nous	fini**ss**	ons
vous	fini**ss**	ez
ils/elles	fini**ss**	ent

passé composé j'ai **fini**

Arrête de parler et finis tes déchets!

Hör auf zu sprechen und iss deinen Müll!

Das Verb **finir** gehört zu einer großen Gruppe von Verben, die eine Besonderheit im Plural haben. Diese Verben haben die gleichen Endungen wie alle Verben auf -**ir**, aber in den Pluralformen wird an den Verbstamm (**fini-**) -**ss**- angehängt. Erst darauf folgt die Personalendung. Man nennt das eine Stammerweiterung.

Die Verben **agir, choisir, réfléchir** konjugierst du wie **finir**. Ebenso die Verben **applaudir** (applaudieren, klatschen) sowie **réussir** (Erfolg haben, etw. schaffen), die du in **Unité 5** bzw. **6** kennen lernen wirst.

FAIS LE POINT ✔ ▸ **Webcode: ATOI-3-GH**

Complète par les formes des verbes *finir, agir, choisir, réfléchir*.

1. *À quelle heure est-ce que les cours* ? *en France?*
2. *Cette fille* ? *beaucoup, mais elle ne fait rien!*
3. *Nous* ? *ensemble contre la violence au collège.*
4. *– Tu* ? *quel tee-shirt? – Je* ? *le tee-shirt bleu.*
5. *Hier, Léo* ? *son exposé. Après, il est allé au club de foot.*
6. *Le prof dit aux élèves: «* ? *vos places, s'il vous plaît!»*

---

5 Das unbestimmte Pronomen *chacun/chacune* | *Le pronom indéfini* chacun/chacune

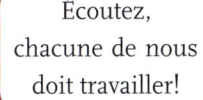

Écoutez, chacune de nous doit travailler!

Non, chacun a son rôle: vous les fourmis[1], vous travaillez. Moi, je fais de la musique.

1 la fourmi die Ameise

J'ai deux frères. Chacun joue d'un instrument.   Ich habe zwei Brüder. **Jeder** spielt ein Instrument.

J'ai trois copines. Chacune a un copain.   Ich habe drei Freundinnen. **Jede** hat einen Freund.

Das unbestimmte Pronomen **chacun/chacune** steht vor dem konjugierten Verb. Es steht alleine und bildet das Subjekt des Satzes. Es hat eine männliche und eine weibliche Form im Singular.

Begleiter	Nomen		
Chaque	**élève**	a fait un stage.	**Jeder Schüler / Jede Schülerin** hat ein Praktikum gemacht.
Pronomen			
Chacun		a fait de nouvelles expériences.	**Jeder** hat neue Erfahrungen gemacht.

❗ Verwechsle nicht den Begleiter *chaque* mit dem unbestimmten Pronomen *chacun/chacune*. *Chacun* und *chacune* stehen anstelle eines Nomens.

> *Pronomen* ersetzen Nomen.

6 Das *imparfait* | *L'imparfait*

DAS WEISST DU SCHON

Hier, Monsieur Dupont **a travaillé** dans son jardin. Après, il **est allé** au centre commercial et il **a fait** les courses. Le soir, il **a mangé** au restaurant avec son fils.

Mit dem *passé composé* kannst du über Ereignisse in der Vergangenheit berichten. Es besteht aus zwei Verbformen: Präsensform des Hilfsverbs (*avoir* oder *être*) + Partizip Perfekt eines Verbs.

)))) DAS IST NEU

Autrefois, Monsieur Dupont **faisait** du foot. Il **jouait** au Championnat du Monde et il s'**entraînait** tous les jours. Il **était** célèbre.

Früher hat Monsieur Dupont Fußball gespielt. Er hat bei den Weltmeisterschaften mitgespielt und jeden Tag trainiert. Er war berühmt.

Wie im Deutschen und Englischen gibt es im Französischen mehrere Zeitformen des Verbs, mit denen du von Vergangenem erzählen kannst. Hier lernst du das *imparfait* kennen. Im Unterschied zum *passé composé (j'ai parlé)*, das eine zusammengesetzte Zeitform ist, besteht das *imparfait (je parlais)* nur aus einer Verbform.

		parler	lire	attendre	avoir	finir
	je/j'	parl**ais**	lis**ais**	attend**ais**	av**ais**	finiss**ais**
parl~~ons~~	tu	parl**ais**	lis**ais**	attend**ais**	av**ais**	finiss**ais**
lis~~ons~~	il/elle/on	parl**ait**	lis**ait**	attend**ait**	av**ait**	finiss**ait**
nous attend~~ons~~ →	nous	parl**ions**	lis**ions**	attend**ions**	av**ions**	finiss**ions**
av~~ons~~	vous	parl**iez**	lis**iez**	attend**iez**	av**iez**	finiss**iez**
finiss~~ons~~	ils/elles	parl**aient**	lis**aient**	attend**aient**	av**aient**	finiss**aient**

Du bildest das *imparfait* aus dem **Stamm der 1. Person Plural Präsens**, an den du die Endungen **-ais, -ais, -ait, -ions, -iez, -aient** anhängst.

> *imparfait* = Stamm der 1. Person Plural Präsens + *imparfait*-Endungen
> **(-ais, -ais, -ait, -ions, -iez, -aient)**

❗ Eine Ausnahme bildet das Verb *être*. Der Stamm des *imparfait* ist *ét-*.
An diesen Stamm hängst du die *imparfait*-Endungen an:
*être → j'ét**ais**, tu ét**ais**, il/elle/on ét**ait**, nous ét**ions**, vous ét**iez**, ils/elles ét**aient***

❗ Achte bei den Verben auf *-(g)er* und *-(c)er* auf folgende Besonderheiten:
*manger → nous mang**e**~~ons~~ → je mang**e**ais*   *commencer → nous commen**ç**~~ons~~ → je commen**ç**ais*

Autrefois, on **avait** des profs sévères.	Früher hatten wir strenge Lehrer.
Ils **donnaient** beaucoup de devoirs.	Sie gaben uns viele Hausaufgaben.
C'**était** dur, mais on **rigolait** quand même.	Es war hart, aber wir hatten trotzdem Spaß.

Du verwendest das *imparfait*, um Gewohnheiten und Handlungen zu beschreiben, die sich in der Vergangenheit häufig wiederholt haben, oder um zu beschreiben, wie etwas früher war.
Das *imparfait* antwortet auf die Frage: „Wie war es damals?", „Was hat man damals immer gemacht?", „Was geschah häufig oder regelmäßig?"

Signalwörter für das *imparfait*:

Wiederholung	Gewohnheit
toujours	autrefois
souvent	chaque jour/semaine

Lerne die Signalwörter auswendig. Du brauchst sie beim Schreiben von Texten.

FAIS LE POINT    ▸ **Webcode: ATOI-3-GH**

1. Mets les verbes à *l'imparfait*:

a. *je (avoir)*, b. *tu (être)*, c. *il (faire)*, d. *nous (parler)*, e. *vous (dire)*, f. *ils (habiter)*, g. *tu (choisir)*, h. *elles (prendre)*, i. *nous (pouvoir)*, j. *on (entendre)*

2. Mets les phrases à *l'imparfait*:

a. *Paul habite près du collège.*; b. *Marie fait les courses avec ses parents.*; c. *Est-ce que vous chantez souvent?*; d. *Le magasin ouvre à 9 heures.*; e. *Les gens n'écrivent pas des e-mails.*; f. *Tu connais toutes les stars.*; g. *Ils achètent moins de vêtements.*; h. *On part en vacances ensemble.*

Découvrir le monde professionnel

1 Die reflexiven Verben im *passé composé* | *Les verbes pronominaux au passé composé*

DAS WEISST DU SCHON

Léo s'ennuie.   Léo langweilt **sich**.   Tu **te** dépêches.   Du beeilst **dich**.

Du kennst bereits einige reflexive Verben, z. B. *s'ennuyer* und *se dépêcher*. Im Unterschied zum Deutschen steht im Französischen das Reflexivpronomen *(me, te …)* immer **vor** dem Verb. (▶ *Unité 1*, S. 19)

>>>>> **DAS IST NEU**

Léo s'est ennuyé.
Léo hat sich gelangweilt.

Max et Aïcha se sont amusés.
Max und Aïcha haben sich amüsiert.

Léonie s'est ennuyée aussi.
Léonie hat sich auch gelangweilt.

Rose et Selma se sont amusées aussi.
Rose und Selma haben sich auch amüsiert.

se coucher (schlafen gehen)

je	me suis	couchée
tu	t'es	couchée
il	s'est	couché
elle	s'est	couchée
on	s'est	couché(e)s
nous	nous sommes	couché(e)s
vous	vous êtes	couché(e)s
ils	se sont	couchés
elles	se sont	couchées

Reflexive Verben bilden das *passé composé* mit *être*. Du musst deshalb auf die Angleichung des Partizips achten. Die Endungen, die an das Partizip angehängt werden, kennst du schon von den Adjektiven.

Das Reflexivpronomen steht immer vor dem konjugierten Verb *être*. Die Reflexivpronomen *te* und *se* werden zu *t'* und *s'* verkürzt, z. B.: *te → tu t'es couché(e)*, *se → il s'est couché*.

Endungen des *participe passé* reflexiver Verben:

	männlich	weiblich
Singular	■	-e
Plural	-s	-es

FAIS LE POINT ✔

Complète par le *passé composé* des verbes.

1. *Vendredi, Paul* ? *à la fête. (s'amuser)*
2. *Lundi, mes frères* ? *d'aller au collège. (se dépêcher)*
3. *Sarah, pourquoi est-ce que tu* ? *à 6 heures hier? (se lever)*
4. *– Tom et Ethan, à quelle heure est-ce que vous* ? *dimanche soir? (se coucher)*
   – Nous ? *à dix heures.*
5. *Marie: «Je* ? *pendant les vacances.» (s'ennuyer)*
6. *Lola et Chloé* ? *pour la fête vendredi soir. (se maquiller)*

2 Das *présent continu (être en train de* + Infinitiv*)* | *Le présent continu* (être en train de + *infinitif*)

Moi aussi, je suis en train de faire les courses!

Qu'est-ce qu'ils **sont en train de** faire?	Was machen sie gerade?
Hugo **est en train d'**écrire un e-mail.	Hugo schreibt gerade eine E-Mail.
Les filles **sont en train de** manger.	Die Mädchen essen gerade.

Mit der Wendung *être en train de* + Infinitiv drückst du aus, dass jemand gerade dabei ist, etwas zu tun. Diese Zeitform heißt *présent continu*.

> *présent continu:*
> ***être en train de* + *infinitif***

Arno **est en train de** parler <u>à son frère</u>.	→	Il **est en train de** lui parler.
Arno spricht gerade mit seinem Bruder.		Er spricht gerade mit ihm.
Tina **est en train d'**acheter <u>un CD</u>.	→	Tina **est en train de** l'acheter.
Tina kauft gerade eine CD.		Tina kauft sie gerade.
Les garçons **sont en train d'**aller <u>au stade</u>.	→	Les garçons **sont en train d'**y aller.
Die Jungen gehen gerade ins Stadion.		Die Jungen gehen gerade dorthin.

! Bei Sätzen mit Objektpronomen oder *y* stehen diese **vor** dem Infinitiv.

FAIS LE POINT ✔

Fais des phrases avec *être en train de + infinitif*.

1. *– Qu'est-ce que Thomas fait? – Il* ? *. (prendre une douche)*
2. *– Est-ce que maman est au supermarché? – Elle* ? *. (y aller)*
3. *– Vous ne mangez pas avec nous? – Non, nous* ? *. (préparer un exposé)*
4. *– Pourquoi est-ce que Chloé n'est pas en cours? – Parce qu'elle est chez le CPE. Elle* ? *. (lui parler)*

Informationen zum *passé récent (venir de + infinitif)* findest du auf S. 53.

3 Der verneinte Satz | *La négation*

Marie	**ne**	répond	**pas**.	Marie antwortet nicht.
Arno	**ne**	mange	**rien**.	Arno isst nichts.
Mes frères	**n'**	invitent	**personne**.	Meine Brüder laden niemanden ein.

Im *présent* umschließen die Verneinungswörter *ne ... pas / pas encore / plus / rien / jamais* das Verb. Das gilt ebenso für die Verneinungswörter *ne ... personne*.

	Hilfsverb		Partizip	Ergänzung	
Luc	**n'** a	**pas encore**	répondu	à l'annonce.	Luc hat noch nicht auf die Anzeige geantwortet.
Elles	**ne** sont	**plus**	retournées	à cette plage.	Sie sind nicht mehr an diesen Strand zurückgekehrt.
Enzo	**n'** a	**rien**	écrit.		Enzo hat nichts geschrieben.
Clara	**n'** a	**jamais**	fait	de stage.	Clara hat nie ein Praktikum gemacht.

Im *passé composé* umschließen die Verneinungswörter *ne ... pas / pas encore / plus / rien / jamais* das Hilfsverb.

	Hilfsverb		Infinitiv		
Je	**ne** veux	**plus**	faire	ce job d'été.	Ich will diesen Sommerjob nicht mehr machen.
Cédric	**ne** va	**pas**	aller	à la piscine.	Cédric wird nicht ins Schwimmbad gehen.

Bei **Sätzen mit einem Infinitiv** steht das Verneinungswort *pas / pas encore / plus / rien / jamais* <u>vor</u> dem Infinitiv. (▶ *Ce que tu sais déjà*, S. 14–15)

)))) DAS IST NEU

Je ne veux voir personne!

Tu	**n'** as	invité		**personne**.	Du hast niemanden eingeladen.
Jade	**ne** veut	inviter		**personne**.	Jade will niemanden einladen.
Zoé	**ne** va	inviter		**personne**.	Zoé wird niemanden einladen.

ne / n'
Konjugiertes Verb
Partizip / Infinitiv
personne

Im *passé composé* und in **Sätzen mit einem Infinitiv** steht *personne* <u>hinter</u> dem Partizip Perfekt bzw. dem Infinitiv.

Nous	**n'**	écrivons	<u>à</u>	**personne**.	Wir schreiben niemandem.
Marie	**n'**	a répondu	<u>à</u>	**personne**.	Marie hat niemandem geantwortet.
Arthur	**ne**	veut parler	<u>à</u>	**personne**.	Arthur will mit niemandem sprechen.
Paul	**ne**	montre ses photos	<u>à</u>	**personne**.	Paul zeigt niemandem seine Fotos.

❗ Hat das Verb ein indirektes Objekt mit der Präposition *à*, so musst du *à* auch im verneinten Satz mit *ne ... personne* verwenden. Es steht dann vor *personne*: *ne parler <u>à</u> personne* = *mit niemandem sprechen*.

Verben mit indirekten Personenobjekten

apprendre qc **à qn**	jdm etw. beibringen	parler **à qn**	mit jdm sprechen
comparer qn **à qn**	jdn mit jdm vergleichen	permettre qc **à qn**	jdm etw. erlauben
demander qc **à qn**	jdn etw. fragen	plaire **à qn**	jdm gefallen
dire qc **à qn**	jdm etw. sagen	poser des questions **à qn**	jdm Fragen stellen
(re-)donner qc **à qn**	jdm etw. (zurück-)geben	présenter qn/qc **à qn**	jdm jdn/etw. präsentieren, vorstellen
écrire qc **à qn**	jdm etw. schreiben	raconter qc **à qn**	jdm etw. erzählen
envoyer qc **à qn**	jdm etw. schicken	répondre qc **à qn**	jdm etw. antworten
expliquer qc **à qn**	jdm etw. erklären	ressembler **à qn**	jdm ähneln
montrer qc **à qn**	jdm etw. zeigen	téléphoner **à qn**	jdn anrufen

Diese Verben mit indirekten Personenobjekten brauchst du häufig. Lerne sie auswendig!

FAIS LE POINT ✔

▶ **Webcode: ATOI-3-GH**

Mets les mots dans l'ordre.

1. *veulent / Elles / écouter / ne / personne / .*
2. *rappeler / personne / vont / Ils / ne / .*
3. *ne / Jules / écrire / personne / va / à / .*
4. *ai / poussé / Je / personne / n' / .*
5. *personne / Marc et Paul / veulent / ne / parler / à / .*
6. *ne / son / raconte / personne / secret / à / Pauline / .*

---

4 Die Verwendung von *imparfait* und *passé composé* | *L'emploi de l'imparfait et du passé composé*

Imparfait und *passé composé* sind zwei Zeitformen, mit denen du von Vergangenem erzählen kannst.

L'après-midi, Léa **écoutait** de la musique, elle **regardait** des magazines et elle **jouait** avec son chat.

1. Das *imparfait* verwendest du, um gleichzeitig verlaufende Handlungen in der Vergangenheit zu beschreiben.

L'après-midi, Léa **a écouté** de la musique, puis elle **a regardé** des magazines. Après, elle **a joué** avec son chat. ▲ ▲ ▲

2. Das **passé composé** verwendest du, um nacheinander einsetzende Handlungen in der Vergangenheit zu beschreiben: Die eine beginnt, wenn die vorhergehende abgeschlossen ist.

Léa **jouait** avec son chat quand ses copains **sont arrivés**.

3. Bei neu einsetzenden Handlungen in einer bestehenden Situation in der Vergangenheit verwendest du **imparfait** und **passé composé**:
   Die bestehende Situation beschreibst du im **imparfait**. (Du beschreibst den Hintergrund: Was war?)
   Die einsetzende Handlung beschreibst du im **passé composé**. (Du beschreibst den Vordergrund: Was ist passiert?)

einsetzende Handlung: **passé composé**

Situation oder Handlung, die bereits läuft: **imparfait**

FAIS LE POINT ✓   ▶ **Webcode: ATOI-3-GH**

Imparfait ou *passé composé*? Lis l'histoire et mets les verbes à la forme correcte.

1. *Comme tous les soirs, madame Romarin* ? *dans sa cuisine. (manger)*
2. *Elle* ? *parce qu'elle n'* ? *pas être seule. (s'ennuyer / aimer)*
3. *Tout à coup, quelqu'un* ? *à la porte. (sonner)*
4. *Alors madame Romarin* ? *et elle* ? *la porte. (se lever / ouvrir)*
5. *C'* ? *la voisine qui* ? *son chat. (être / chercher)*
6. *Madame Romarin* ? *sa voisine et elles* ? *ensemble. (inviter / manger)*
7. *Après, elles* ? *le chat ensemble. (chercher)*

5 Das unregelmäßige Verb *savoir* | *Le verbe irrégulier* savoir

savoir (wissen)

je	**sais**
tu	**sais**
il/elle/on	**sait**
nous	**savons**
vous	**savez**
ils/elles	**savent**

Das Verb **savoir** hat im Präsens im Singular drei unregelmäßige Formen. Das Partizip Perfekt endet auf **-u**: *j'ai su*.

passé composé j'ai **su**

C'est qui? Je ne **sais** pas.
Je ne **sais** pas jouer de la guitare.

Wer ist das? Ich **weiß** es nicht.
Ich **kann** nicht Gitarre spielen.

! Das Verb **savoir** bedeutet *wissen* und *können* (= eine Fähigkeit).

Tom ne **sait** pas danser.
Tom **kann** nicht tanzen. (→ Er hat es nicht gelernt.)

Alice ne **peut** pas danser.
Alice **kann** nicht tanzen. (→ Sie hat einen Gips.)

! Verwechsle **savoir** (können = eine Fähigkeit) nicht mit **pouvoir** (können = eine Möglichkeit).

FAIS LE POINT ✔ ▶ **Webcode: ATOI-3-GH**

Complète les phrases par les verbes **savoir** et **pouvoir**.

1. *Nous ne* **?** *pas jouer au foot parce que nous avons perdu notre ballon.*
2. *– Est-ce que tu* **?** *jouer du piano? – Non, je n'ai pas appris à en jouer.*
3. *Ma mère ne veut pas aller en France parce qu'elle ne* **?** *pas parler français.*

---

6 Die Inversionsfrage | *L'interrogation avec inversion*

Inversionsfrage	Frage mit *est-ce que*	
Es-tu content?	Est-ce que <u>tu es</u> content?	Bist du zufrieden?
Connaissez-vous notre région?	Est-ce que <u>vous connaissez</u> notre région?	Kennt ihr / Kennen Sie unsere Region?
Ne **parlez-vous** pas français?	Est-ce que <u>vous ne parlez pas</u> français?	Sprechen Sie kein Französisch?

In einer Inversionsfrage stellst du das Personalpronomen **hinter** das Verb.
Das Verb und das Personalpronomen verbindest du mit einem Bindestrich.
Die Verneinungsklammer umschließt das Verb und das Personalpronomen.

Inversion = Umstellung von Subjekt und Verb

1. Qui **est-ce**?	C'est qui?	Wer ist das?
2. Que **prend-il**?	Qu'est-ce qu'il prend?	Was nimmt er?
3. Où **sont-elles**?	Où est-ce qu'elles sont?	Wo sind sie?
4. Pourquoi ne **dors-tu** pas?	Pourquoi est-ce que tu ne dors pas?	Warum schläfst du nicht?

Fragewörter stellst du an den Anfang der Inversionsfrage: vor das Verb.
Endet das Verb in der 3. Person Singular oder Plural auf *-t* oder *-d* (Beispiele 2 und 3), wird es bei der Aussprache mit dem folgenden Vokal gebunden.

> Inversionsfrage:
> (Fragewort) + (*ne*) + Verb + Bindestrich + Personalpronomen + (*pas*)

Que **mange-t-il**?	Qu'est-ce qu'il mange?	Was isst er?
À qui **pense-t-elle**?	À qui est-ce qu'elle pense?	An wen denkt sie?
A-t-il confiance en nous?	Est-ce qu'il a confiance en nous?	Vertraut er uns?

! Endet das Verb in der 3. Person Singular **auf einen Vokal**, schiebst du zwischen Verb und Personalpronomen ein *-t-* ein, damit du Verb und Pronomen beim Aussprechen binden kannst.

Die Inversionsfrage wird v. a. in der Schriftsprache und in festen Wendungen, z. B. **Quelle heure est-il?** verwendet.

🇫🇷 Es-tu malade?	Bist du krank?
Connaissez-vous Paris?	Kennt ihr / Kennen Sie Paris?
Que fait-il?	Was macht er?

Im Deutschen stellst du Fragen fast immer als Inversionsfragen (allerdings ohne Bindestrich).

FAIS LE POINT   ▶ **Webcode: ATOI-3-GH**

Reformule les questions. Utilise l'interrogation avec inversion.

1. *Qu'est-ce que vous voulez manger?*
2. *Est-ce qu'il connaît notre village?*
3. *Est-ce qu'ils ne travaillent pas?*
4. *Qu'est-ce que tu penses de ce prof?*
5. *Pourquoi est-ce qu'ils sont furieux?*
6. *Où est-ce qu'elle va?*
7. *De quoi est-ce qu'elles parlent?*

La Loire à vélo

1 Die Adjektive auf *-if/-ive* | *Les adjectifs en* -if/-ive

	masculin	féminin
singulier	Lucas est **sportif**.	Inès est **sportive**.
pluriel	Lucas et Noah sont **sportifs**.	Inès et Louise sont **sportives**.

Adjektive, die auf *-if* enden, haben eine weibliche Form auf *-ive*.
Weitere Adjektive und ihre Formen findest du auf den Seiten 9, 28 und 30.

2 Die Verwendung von *imparfait* und *passé composé* (alle Aspekte und Signalwörter im Überblick) | *L'emploi de l'imparfait et du passé composé*

DAS WEISST DU SCHON

1. Marie **était** à la maison. Elle **écoutait** un CD et elle **chattait** avec ses copines.

2. D'abord, Lucas et Pierre **ont fait** les devoirs ensemble. Puis ils **sont allés** au roller parc.

3. Lucas **regardait** la télé quand son copain Pierre **est arrivé**.

Imparfait und *passé composé* sind zwei Zeitformen, mit denen du von Vergangenem erzählen kannst.
1. Mit dem *imparfait* beschreibst du gleichzeitig verlaufende Handlungen.
2. Das *passé composé* verwendest du, um nacheinander einsetzende Handlungen zu beschreiben.
3. Bei einer neu einsetzenden Handlung in einer bestehenden Situation verwendest du für die einsetzende Handlung das *passé composé*, für die bestehende Situation das *imparfait*.
(▶ *Unité 4*, S. 43–44)

))))) DAS IST NEU

C'**était** l'anniversaire de Juliette. Comme tous les ans, il y **avait** une fête dans son jardin (1). Il **faisait** beau et tous les copains **étaient** là (2). Juliette **portait** sa nouvelle robe bleue, un cadeau de ses parents (3). Elle **était** très belle (3). On **mangeait** du gâteau au chocolat et on **rigolait**. C'**était** super (4)! Mais comme d'habitude, Mathis **faisait** l'idiot. Il dansait sur une chaise et il **chantait**.

Tout à coup, la chaise **a glissé** et Mathis **est tombé** (1). Il **a poussé** Juliette, alors Juliette **est tombée** aussi (2). Elle **a mis** du chocolat partout sur sa robe (2)! Puis Mathis **s'est levé** et il **a rigolé**, mais Juliette **a pleuré** (2).

Im *imparfait* erzählst du die bestehende Situation in einer Geschichte:

1. Du erzählst von früher, schilderst Gewohnheiten oder Handlungen, die sich in der Vergangenheit häufig wiederholt haben.
2. Du beschreibst Umstände, z. B. das Wetter, die Stimmung, wo die Handlung stattfand, wer alles da war.
3. Du beschreibst eine Person oder einen Gegenstand.
4. Du kommentierst ein Ereignis, z. B. wie etwas war.
→ Mit dem *imparfait* beschreibst du den „Hintergrund" der Erzählung (Was war?).

Im *passé composé* dagegen schilderst du die eigentlichen Ereignisse:

1. Du beschreibst einmalige oder plötzlich einsetzende Handlungen.
2. Du beschreibst aufeinander folgende Handlungen, eine Kette von Ereignissen.
→ Mit dem *passé composé* schilderst du den „Vordergrund" einer Erzählung (Was ist passiert?).

Signalwörter

Comme d'habitude, Mathis faisait l'idiot. Tout à coup, la chaise a glissé et Mathis est tombé.

Achte auf „**Signalwörter**": Das sind Zeitangaben, die dir Genaueres über den Verlauf, den genauen Beginn, die Wiederholung einer Handlung oder die Gleichzeitigkeit von mehreren Handlungen aussagen können. Sie helfen dir bei der Auswahl zwischen *imparfait* und *passé composé*.

imparfait	*passé composé*
Wiederholung	**plötzlicher Beginn**
toujours	tout à coup
souvent	à (huit) heures
autrefois	
	Einmaligkeit
Gewohnheit	une fois
comme d'habitude	mardi dernier, la semaine dernière
chaque jour/semaine	
le lundi / le week-end	**Handlungskette**
tous les matins/soirs/____	d'abord, ensuite, après, puis, une heure après

Lerne die **Signalwörter** auswendig. Du brauchst sie zum Schreiben von Texten.

FAIS LE POINT ✓　　　　　　　　　　　　　　▶ **Webcode: ATOI-3-GH**

Raconte au passé. Mets les verbes à *l'imparfait* ou au *passé composé*. Justifie ton choix par une explication en allemand.

Hier, Tim *(attendre) son copain devant l'école comme chaque vendredi après-midi. Il* ? *(être) 17 heures. Tim* ? *(regarder) son portable et il* ? *(ne pas faire attention) à son sac à dos. Tout à coup, un jeune homme* ? *(arriver) et il* ? *(prendre) son sac. Une élève à côté de Tim* ? *(voir) le voleur. Il* ? *(être) grand, il* ? *(avoir) les cheveux noirs. Il* ? *(porter) un jean et une veste marron. Après, Tim et l'autre élève* ? *(aller) à la police. Tim leur* ? *(expliquer) ce qu'il y* ? *(avoir) dans son sac. Ensuite, la police* ? *(chercher) le voleur près de l'école.*

3 Die Relativpronomen *ce qui, ce que* | *Les pronoms relatifs* ce qui, ce que

DAS WEISST DU SCHON

C'est <u>le garçon</u> **qui** est dans ma classe.   Das ist der Junge, **der** in meiner Klasse ist.

Le rap est <u>la musique</u> **que** Marie préfère.   Rap ist die Musik, **die** Marie am liebsten mag.

Du kennst Relativsätze, die mit den Relativpronomen **qui** oder **que** eingeleitet werden.
Sie beschreiben **ein Nomen** näher.

>>>>> **DAS IST NEU**

Qu'est-ce qu'il dit?

Je ne comprends pas ce que vous dites.

Mais qu'est-ce qui lui plaît?

Dis-nous ce qui te plaît, Arthur!

Hauptsatz	Nebensatz				
		Subjekt	**Verb**		
Tom a trouvé		**ce qui**	fait	ce bruit.	Tom hat herausgefunden, **was** diesen Krach macht.
Je sais		**ce qui**	l'	intéresse.	Ich weiß, **was** ihn interessiert.
Loïc dessine		**ce qui**	lui	plaît.	Loïc zeichnet, **was** ihm gefällt.
	direktes Objekt				
J'ai compris	**ce que**	Paul	a dit.		Ich habe verstanden, **was** Paul gesagt hat.
Je sais	**ce qu'**	elle	fait.		Ich weiß, **was** sie macht.

Es gibt auch Relativpronomen, die sich auf **Sachverhalte** beziehen: *ce qui* und *ce que*.
Ce qui wird mit „was" übersetzt und ist immer das Subjekt des Relativsatzes.
Auf *ce qui* folgt ein Verb.

Auch *ce que* wird mit „was" übersetzt. *Ce que* ist das direkte Objekt des Relativsatzes.
Auf *ce que* folgt das Subjekt des Relativsatzes.
Vor Vokal wird *ce que* zu *ce qu'* verkürzt.

> Im Nebensatz mit *ce qui / ce que* gilt:
> *ce qui* + (Objektpronomen) + Verb
> *ce que/qu'* + Subjekt des Relativsatzes

Wie halte ich *qu'est-ce que* und *ce que* auseinander? Das heißt beides „was"!

Qu'est-ce que nimmst du nur für Fragen. *Ce que* ist ein Relativpronomen und steht am Anfang eines Relativsatzes.

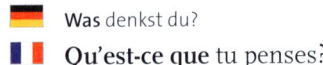 **Was** denkst du? **Qu'est-ce que** tu penses?

Ich weiß nicht, **was** du denkst.

✗ Je ne sais pas ~~qu'est-ce que~~ tu penses.

✔ Je ne sais pas **ce que** tu penses.

FAIS LE POINT ✔   ▸ **Webcode: ATOI-3-GH**

Note les phrases dans ton cahier. Souligne les verbes et les sujets *(Subjekte)* dans les phrases relatives. Puis complète par *ce qui* ou *ce que/qu'*.

1. *Je ne sais pas* ⸮ *tu cherches.*
2. *Je lis* ⸮ *m'intéresse.*
3. *Ludo dit* ⸮ *il pense.*
4. *Marie a vu* ⸮ *s'est passé.*
5. *Les parents ne savent pas* ⸮ *les enfants ont acheté.*
6. *Il faut apprendre* ⸮ *est important dans la vie.*

---

4 Das unregelmäßige Verb *boire* | *Le verbe irrégulier* boire

boire (trinken)

je	**bois**
tu	**bois**
il/elle/on	**boit**
nous	**bu**vons
vous	**bu**vez
ils/elles	**boi**vent

passé composé j'ai **bu**
imparfait je buvais

Das Verb **boire** hat im Präsens zwei unregelmäßige Verbformen: die 1. und 2. Person Plural haben statt *-oi-* den Vokal *-u-*. Auch das Partizip Perfekt endet auf *-u*: *j'ai bu*.

> Wie merk ich mir das bloß?

Lerne diese Eselsbrücke:

Je bois un verre,

tu bois deux verres,

il boit la bouteille toute entière.

Nous buvons un coup,

vous buvez deux coups,

ils boivent et ils finissent TOUT!

---

5 Die Adverbien auf *-ment* | *Les adverbes en* -ment

DAS WEISST DU SCHON

Nora mange **vite**.
Les élèves travaillent **beaucoup**.

Nora isst **schnell**.
Die Schüler arbeiten **viel**.

Du kennst schon einige Adverbien, z. B. *assez, aussi, beaucoup, très, trop, vite*.
Man nennt sie die ursprünglichen Adverbien. Die ursprünglichen Adverbien haben keine typische Endung, an der man sie erkennen könnte.

adjectif		adverbe
masculin	**féminin**	
lent	lent**e**	lente**ment**
heureux	heureu**se**	heureuse**ment**
long	lon**gue**	longue**ment**
complet	compl**ète**	complète**ment**
normal	normal**e**	normale**ment**
gratuit	gratui**te**	gratuite**ment**
	facile	facile**ment**
	difficile	difficile**ment**
	horrible	horrible**ment**

Il est drôle.

Et il chante drôlement bien.

Adverbien kannst du von Adjektiven ableiten. Um ein Adverb zu bilden, hängst du an die weibliche Form des Adjektivs die Endung **-ment** an. Denke dabei an die besonderen weiblichen Formen einiger Adjektive. Adjektive, die nur eine Singularform haben, leiten ihr Adverb von dieser Form ab.

! Alle Adverbien sind unveränderlich. *(Marie apprend **difficilement**. Tom apprend aussi **difficilement**.)*

> Bildung der Adverbien:
> weibliche Form des Adjektivs + **-ment**

> Man kann nicht von jedem französischen Adjektiv ein Adverb bilden. Wenn du nicht sicher bist, schaust du am besten im Wörterbuch nach!

Adjektiv   unregelmäßige Adverbien
bon/bonne → **bien**
gentil/gentille → **gentiment**
vrai/vraie   → **vraiment**
joli/jolie   → **joliment**

! Einige Adverbien sind unregelmäßig. Lerne sie auswendig.

🇫🇷 Französisch	🇬🇧 Englisch	🇩🇪 Deutsch
Il chante **joliment**.	He sings **beautifully**.	Er singt **schön**.
Elle parle **lentement**.	She walks **slowly**.	Sie geht **langsam**.
→ Adverb auf **-ment**	→ Adverb auf **-ly**	■

! Im Französischen und Englischen werden Adverbien ähnlich gebildet.
Im Deutschen dagegen gibt es keinen äußeren Unterschied zwischen Adjektiv und Adverb.

L'interro est **facile**. Der Test ist **leicht**. (→ Wie ist der Test?)
Marie apprend **facilement**. Marie lernt **leicht**. (→ Wie lernt Marie? / Wie tut sie das?)

> Das **Adjektiv** brauche ich, wenn ich sage, wie jemand oder etwas ist. Und wann brauche ich ein Adverb?

> Das **Adverb** nehme ich, wenn ich sage, wie man etwas macht.

einfache Verbform	zusammengesetzte Verbform
Elle <u>travaille</u> **lentement**.	Il <u>va</u> **bientôt** <u>arriver</u>.
Sie <u>arbeitet</u> **langsam**.	Er <u>wird</u> **bald** <u>ankommen</u>.

> Adverbien, merk dir ihren Platz,
> steh'n meistens wie im deutschen Satz.

FAIS LE POINT ✓ ▶ **Webcode: ATOI-3-GH**

Complète par l'adjectif ou l'adverbe français correspondant. Plusieurs solutions sont possibles.
einfach – langsam – kostenlos – schön – fröhlich – mutig

1. *Cette interro est* ? .
2. *Est-ce que tu peux parler* ? *, s'il te plaît?*
3. *C'est un concert* ? .
4. *Ma sœur chante* ? .
5. *C'est une chanson* ? .
6. *Monique parle* ? *de son problème.*

---

6   Das unregelmäßige Verb *venir* | *Le verbe irrégulier* venir

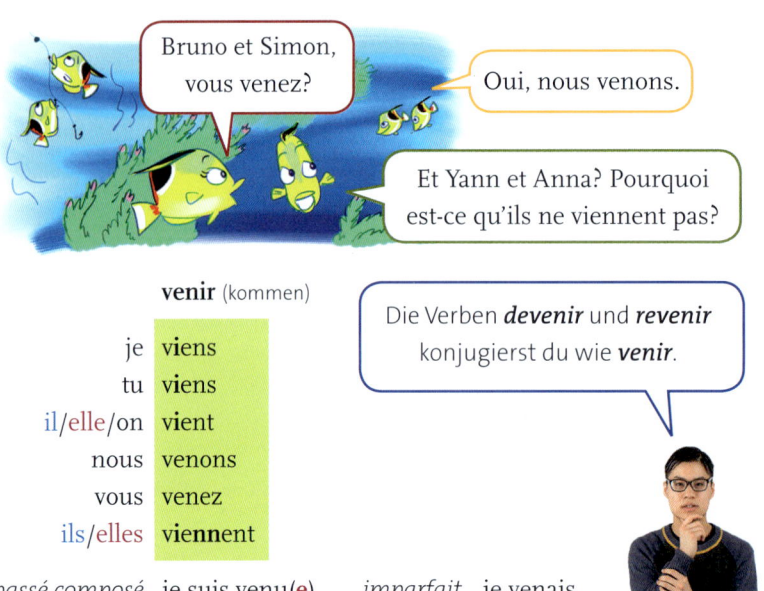

> Bruno et Simon, vous venez?

> Oui, nous venons.

> Et Yann et Anna? Pourquoi est-ce qu'ils ne viennent pas?

venir (kommen)

je	**viens**
tu	**viens**
il/elle/on	**vient**
nous	**venons**
vous	**venez**
ils/elles	**viennent**

> Die Verben **devenir** und **revenir** konjugierst du wie **venir**.

passé composé je suis venu(e)   *imparfait* je venais

Das Verb **venir** hat im Präsens vier unregelmäßige Verbformen: In der 1., 2. und 3. Person Singular und in der 3. Person Plural steht **-ie-** statt **-e-**. In der 3. Person Plural verdoppelst du außerdem das **-n-**.

7 Das *passé récent* (*venir de* + Infinitiv) | *Le passé récent* (venir de + *infinitif*)

> On vient d'acheter une pizza!

Regarde, les corres **viennent** d'arriver.
Schau mal, die Austauschpartner sind **gerade** angekommen.

Dépêche-toi, le film **vient de** commencer.
Beeil dich, der Film hat **gerade** angefangen.

Das *passé récent* besteht aus der Wendung *venir de* + Infinitiv. Damit kannst du ausdrücken, dass eine Handlung gerade eben erst abgeschlossen wurde.

> *passé récent:* ***venir de* + *infinitif***

Nahe Vergangenheit

Je **viens de** me lever.
Ich bin gerade aufgestanden.

Gegenwart

Je suis **en train de** manger une tartine.
Ich esse gerade ein Butterbrot.

Zukunft

Je **vais** aller au collège.
Ich werde ins Collège gehen.

> Wie merk ich mir bloß den Unterschied?

> Mit *venir de* + Infinitiv beschreibst du ein Ereignis, das gerade eben abgeschlossen ist.
> Mit *être en train de* + Infinitiv beschreibst du, was du gerade tust. Es ist nicht abgeschlossen.
> Mit *aller* + Infinitiv kannst du die nahe Zukunft, aber auch ein Vorhaben ausdrücken.

FAIS LE POINT ✓

▶ **Webcode: ATOI-3-GH**

Traduis.

1. *Selma und Louise haben gerade eingekauft.*
2. *Hast du gerade den letzten Joghurt gegessen?*
3. *Wir haben gerade die Polizei angerufen.*
4. *Martin hat gerade geduscht.*

La France et la Francophonie

1 **Die Artikel und Präpositionen bei Ländernamen** |
Les articles et prépositions avec les noms de pays

DAS WEISST DU SCHON

la France   Frankreich
l'Allemagne   Deutschland
le Languedoc-Roussillon   Languedoc-Roussillon *(Region im Süden Frankreichs)*

Im Französischen verwendest du vor Ländernamen in der Regel den bestimmten Artikel. Im Deutschen steht vor Ländernamen meist kein Artikel. Vor den Namen der französischen Regionen verwendest du auch den bestimmten Artikel.

))))) **DAS IST NEU**

Je viens des États-Unis.
Maintenant, je suis au
Canada. Et demain, je vais
aller en Turquie.

féminin	masculin	pluriel
la France Frankreich	**le** Canada Kanada	**les** États-Unis *m. pl.* die USA
l'Allemagne Deutschland	**le** Québec Québec	**les** Pays-Bas *m. pl.* die Niederlande
la Belgique Belgien	**le** Sénégal Senegal	
la Tunisie Tunesien	**le** Maroc Marokko	

Fast alle Ländernamen, die auf *-e* enden, sind weiblich.

Woher?	weiblicher Ländername	männlicher Ländername	Ländername im Plural
Je viens ...	**de** France.	**du** Canada.	**des** États-Unis.
	d'Allemagne.	**du** Québec.	**des** Pays-Bas.
	de Belgique.	**du** Sénégal.	
	de Tunisie.	**du** Maroc.	

Um zu sagen, dass jemand aus einem Land kommt, verwendest du
– bei weiblichen Ländernamen *de/d'*,
– bei männlichen Ländernamen *du*,
– bei Ländernamen im **Plural** *des*.

Wo?/Wohin?	weiblicher Ländername	männlicher Ländername	Ländername im Plural
Je suis … / J'habite … Je suis né/e … C'est … Je vais …	**en** France. **en** Allemagne. **en** Belgique. **en** Tunisie.	**au** Canada. **au** Québec. **au** Sénégal. **au** Maroc.	**aux** États-Unis. **aux** Pays-Bas.

Um zu sagen, dass jemand in einem Land ist/wohnt oder in ein Land fährt, verwendest du

– bei weiblichen Ländernamen **en**,

– bei männlichen Ländernamen **au**,

– bei Ländernamen im **Plural aux**.

	weiblich	**männlich**	Plural
aus/von	*de/d'*	*du*	*des*
in/nach	*en*	*au*	*aux*

FAIS LE POINT

▶ **Webcode: ATOI-3-GH**

Traduis.

1. *Céline ist aus Belgien.*
2. *Jules wohnt in Frankreich.*
3. *Laure möchte in die Niederlande fahren.*
4. *Dieser Brief kommt aus Afrika.*
5. *Pierre ist im Senegal.*
6. *Pauline ist in Tunesien geboren.*

2 Der Infinitiv mit *pour* | *L'infinitif avec la préposition* pour

Dormez pour être en forme demain!

Elle veut aller à Paris **pour visiter** des musées.
Sie will nach Paris fahren, um Museen **zu besichtigen**.

Les gens vont à la boulangerie **pour acheter** du pain.
Die Leute gehen in die Bäckerei, um Brot **zu kaufen**.

Mit **pour** + Infinitif kannst du einen Zweck oder eine Absicht angeben.
Der Infinitiv mit **pour** entspricht dem Deutschen „um … zu".
Im französischen Satz steht die Ergänzung nach dem Infinitiv.
Im Deutschen wird sie von „um … zu" eingeschlossen.

3 Das Pronomen *en* | *Le pronom* en

Tu as envie de jouer au foot?

Non, je n'en ai pas envie.

3.1 Die Verwendung von *en* | *L'emploi de* en

1. – Quand est-ce que vous revenez <u>de Paris</u>?
   – Wann kommt ihr aus Paris zurück?

   – On **en** revient mardi.
   – Wir kommen am Dienstag zurück.
   (*wörtlich:* Wir kommen am Dienstag **daher** zurück.)

2. – Tu prends <u>du sucre</u>?
   – Nimmst du Zucker?

   – Oui, j'**en** prends.
   – Ja. (*wörtlich:* Ja, ich nehme **davon**.)

3. – Est-ce que Tom a peu <u>de livres</u>?
   – Hat Tom wenige Bücher?

   – Non, il **en** a beaucoup.
   – Nein, er hat viele. (*wörtlich:* Nein, er hat viele **davon**.)

4. – Tu as envie <u>de chanter</u>?
   – Hast du Lust zu singen?

   – Oui, j'**en** ai toujours envie.
   – Ja, ich habe immer Lust **dazu**.

5. – Est-ce que tu as <u>un chat</u>?
   – Hast du eine Katze?

   – Oui, j'**en** ai deux.
   – Ja, ich habe zwei. (*wörtlich:* Ja, ich habe zwei **davon**.)

Das Pronomen **en** ersetzt Ergänzungen, die mit **de** eingeleitet werden. Diese Ergänzungen können sein:

– Ortsangaben mit **de** (Beispiel 1),
– direkte Objekte mit dem Teilungsartikel **(de la, du, de l')** (Beispiel 2),
– Mengenangaben mit **de** (Beispiel 3),
– Verbergänzungen mit **de** (Beispiel 4).

Außerdem kannst du direkte Objekte, vor denen ein unbestimmter Artikel **(un, une, des)** steht, mit **en** ersetzen (Beispiel 5).

❗ **en** ist unveränderlich.

3.2 Die Satzstellung von *en* | *La place de* en *dans la phrase*

Du chocolat?

Marie **en** a.
Pierre n' **en** a pas.
J' **en** veux beaucoup.
Tom **en** a mangé deux tablettes.

Wie die Objektpronomen steht **en** im **présent** und im **passé composé** vor dem konjugierten Verb und innerhalb der Verneinungsklammer.

Tina   va   **en** acheter.
Nous   n' allons   pas **en** acheter.
Mes frères   veulent   **en** manger.
Tom   ne peut   pas **en** manger.

In **Sätzen mit einem Infinitiv** steht **en** vor dem Infinitiv und nach der Verneinungsklammer.

Im Französischen wird **en** sehr oft verwendet. Im Deutschen gibt es aber nicht immer eine Entsprechung. Lerne deshalb diese häufig vorkommenden Sätze mit **en**.

*Tu **en** veux?*	Möchtest du (etwas) davon?
*J'**en** ai marre.*	Ich habe die Nase voll.
*Je n'**en** ai pas envie.*	Ich habe (darauf) keine Lust.

FAIS LE POINT ✔   ▸ **Webcode: ATOI-3-GH**

Complète les réponses.

1. – *Est-ce que tu as beaucoup de DVD?* – *Oui, je/j'* .
2. – *Vous revenez du Québec?* – *Oui, on* ? .
3. – *Tu as acheté de la farine?* – *Oui, je/j'* ? .
4. – *Tu as une feuille?* – *Non, je/j'* ? .
5. – *Est-ce qu'il a envie d'aller au cinéma avec nous?* – *Non, il* ? .
6. – *Est-ce que vous allez prendre de la confiture?* – *Non, nous* ? .

4 Der Imperativ mit Objektpronomen | *L'impératif avec des pronoms objets*

	👍 bejahter Imperativ (schon bekannt)	👍 bejahter Imperativ mit Pronomen	👎 verneinter Imperativ (schon bekannt)	👎 verneinter Imperativ mit Pronomen
J'arrive. Ich komme.	Attendez.	Attendez-**moi**. Wartet auf mich.	N'attendez pas.	Ne **m'**attendez pas. Wartet nicht auf mich.
La prof te regarde. Die Lehrerin schaut dich an.	Retourne.	Retourne-**toi**. Dreh dich um.	Ne retourne pas.	Ne **te** retourne pas. Dreh dich nicht um.
L'exposé? Das Referat?	Oubliez.	Oubliez-**le**. Vergesst es.	N'oubliez pas.	Ne **l'**oubliez pas. Vergesst es nicht.
C'est ta chambre! Es ist dein Zimmer!	Range.	Range-**la**. Räum es auf.	Ne range pas.	Ne **la** range pas. Räum es nicht auf.
Tom est triste. Tom ist traurig.	Parle.	Parle-**lui**. Sprich mit ihm.	Ne parle pas.	Ne **lui** parle pas. Sprich nicht mit ihm.
On va tomber. Wir werden fallen.	Aidez.	Aidez-**nous**. Helft uns.	N'aidez pas.	Ne **nous** aidez pas. Helft uns nicht.
Faites attention. Passt auf.	Retournez.	Retournez-**vous**. Dreht euch um.	Ne retournez pas.	Ne **vous** retournez pas. Dreht euch nicht um.
Les lunettes sont super! Die Brille ist super.	Essaye.	Essaye-**les**. Probiere sie.	N'essaye pas.	Ne **les** essaye pas. Probiere sie nicht.

Im bejahten Aufforderungssatz steht das Pronomen **hinter dem Imperativ**.
Es wird mit einem Bindestrich angeschlossen.
Im verneinten Aufforderungssatz steht das Pronomen **vor dem Verb**. Das ist wie im Aussagesatz.

❗ Im bejahten Aufforderungssatz werden statt der Pronomen *me* und *te* die betonten
Personalpronomen *moi* und *toi* verwendet.

> bejahter Aufforderungssatz   = Imperativ + Bindestrich + Pronomen
> verneinter Aufforderungssatz = *ne* + Pronomen + Imperativ + *pas*

Die Formen des Imperativ findest du auf den Seiten 59–64.
❗ Beachte *aller*: *Va.* Geh! (▶ S. 62)

Appelle-la.

Ne l'appelle pas.

FAIS LE POINT ✔   ▶ **Webcode: ATOI-3-GH**

Dis le contraire. | Sage das Gegenteil.

1. *Ne m'appelez pas demain.*
2. *Ta montre? Ne la cherche pas dans ta chambre.*
3. *Je n'aime pas tes copains. Ne les emmène pas ce soir.*
4. *Montre-moi le cadeau, s'il te plaît.*
5. *Dépêche-toi.*
6. *Allez chez le principal et parlez-lui.*

Annexe

Die Verben | *Les verbes*

Hier findest du die Konjugationen der Verben aus *À toi!*

1 Die Hilfsverben *avoir* und *être* | *Les verbes auxiliaires* avoir *et* être

infinitif		**avoir** (haben)		**être** (sein)
présent	j'	ai	je	suis
	tu	as	tu	es
	il/elle/on	a	il/elle/on	est
	nous	avons	nous	sommes
	vous	avez	vous	êtes
	ils/elles	ont	ils/elles	sont
impératif		Aie.		Sois.
		Ayons.		Soyons.
		Ayez.		Soyez.
passé composé		j'ai eu		j'**ai** été
				(ich bin gewesen)
imparfait		j'avais	**!**	j'**étais**

2 Die regelmäßigen Verben auf *-er* | *Les verbes réguliers en* -er

infinitif		**rentrer** (nach Hause gehen)
présent	je	rent**re**
	tu	rent**res**
	il/elle/on	rent**re**
	nous	rent**rons**
	vous	rent**rez**
	ils/elles	rent**rent**
impératif		Rentre.
		Rentrons.
		Rentrez.
passé composé		je suis rentré(e)
imparfait		je rentrais

> Alle Verben bis auf *être* bilden das *imparfait* regelmäßig (▶ S. 38–39 und ▶ vordere Umschlagseite).

! Die folgenden Verben auf **-er** haben jeweils eine Besonderheit:

infinitif		**acheter** (kaufen)		**appeler** (anrufen)		**commencer** (anfangen)
présent	j'	achète	j'	appelle	je	commence
	tu	achètes	tu	appelles	tu	commences
	il/elle/on	achète	il/elle/on	appelle	il/elle/on	commence
	nous	achetons	nous	appelons	nous	commençons
	vous	achetez	vous	appelez	vous	commencez
	ils/elles	achètent	ils/elles	appellent	ils/elles	commencent
impératif		Achète.		Appelle.		Commence.
		Achetons.		Appelons.		Commençons.
		Achetez.		Appelez.		Commencez.
passé composé		j'ai acheté		j'ai appelé		j'ai commencé
imparfait		j'achetais		j'appelais		je commençais

ebenso: effacer (löschen)

infinitif		**corriger** (korrigieren)		**emmener** (mitnehmen)
présent	je	corrige	j'	emmène
	tu	corriges	tu	emmènes
	il/elle/on	corrige	il/elle/on	emmène
	nous	corrigeons	nous	emmenons
	vous	corrigez	vous	emmenez
	ils/elles	corrigent	ils/elles	emmènent
impératif		Corrige.		Emmène.
		Corrigeons.		Emmenons.
		Corrigez.		Emmenez.
passé composé		j'ai corrigé		j'ai emmené
imparfait		je corrigeais		j'emmenais

ebenso: manger (essen),
mélanger (mischen),
ranger (aufräumen),
télécharger (downloaden),
changer (wechseln, umsteigen)

ebenso: se lever (aufstehen)

infinitif		**jeter** (wegwerfen)		**payer** (zahlen)		**préférer** (bevorzugen)
présent	je	jette	je	paie/paye	je	préfère
	tu	jettes	tu	paies/payes	tu	préfères
	il/elle/on	jette	il/elle/on	paie/paye	il/elle/on	préfère
	nous	jetons	nous	payons	nous	préférons
	vous	jetez	vous	payez	vous	préférez
	ils/elles	jettent	ils/elles	paient/payent	ils/elles	préfèrent
impératif		Jette.		Paie/Paye.		Préfère.
		Jetons.		Payons.		Préférons.
		Jetez.		Payez.		Préférez.
passé composé		j'ai jeté		j'ai payé		j'ai préféré
imparfait		je jetais		je payais		je préférais

ebenso: répéter (wiederholen)

3 Die Verben auf -ir (Typ *sortir*) | *Les verbes en -ir (sortir)*

infinitif		**sortir** (ausgehen)
présent	je	sors
	tu	sors
	il/elle/on	sort
	nous	sortons
	vous	sortez
	ils/elles	sortent
impératif		Sors. Sortons. Sortez.
passé composé		je suis sorti(e)
imparfait		je sortais

ebenso: dormir (schlafen), partir (wegfahren), se sentir (sich fühlen), servir (servieren)

4 Die Verben auf -ir (Typ *finir*) | *Les verbes en -ir (finir)*

infinitif		**finir** (abschließen)
présent	je	finis
	tu	finis
	il/elle/on	finit
	nous	finissons
	vous	finissez
	ils/elles	finissent
impératif		Finis. Finissons. Finissez.
passé composé		j'ai fini
imparfait		je finissais

ebenso: agir (handeln, etw. unternehmen), applaudir (applaudieren, klatschen), choisir (wählen), réfléchir (nachdenken, überlegen), réussir (schaffen)

5   Die Verben auf *-dre* | *Les verbes en* -dre

infinitif		**attendre** (warten)
présent	j'	attend**s**
	tu	attend**s**
	il/elle/on	attend
	nous	attend**ons**
	vous	attend**ez**
	ils/elles	attend**ent**
impératif		Attends. Attendons. Attendez.
passé composé		j'ai attendu
imparfait		j'attendais

ebenso: descendre (hinabsteigen), entendre (hören), perdre (verlieren), répondre (antworten), vendre (verkaufen)

6   Die reflexiven Verben | *Les verbes pronominaux*

> ❗ Die reflexiven Verben bilden das *passé composé* mit *être*.

infinitif		**se coucher** (schlafen gehen, sich hinlegen)
présent	je	**me** couche
	tu	**te** couches
	il/elle/on	**se** couche
	nous	**nous** couchons
	vous	**vous** couchez
	ils/elles	**se** couchent
impératif		Couche-**toi**. Couchons-**nous**. Couchez-**vous**.
passé composé		je **me** suis couché(e)
imparfait		je **me** couchais

> Alle Verben bis auf *être* bilden das *imparfait* regelmäßig (▶ S. 38–39 und ▶ vordere Umschlagseite).

7   Die unregelmäßigen Verben | *Les verbes irréguliers*

		aller (gehen)		**boire** (trinken)		**conduire** (fahren)
infinitif						
présent	je	vais	je	bois	je	conduis
	tu	vas	tu	bois	tu	conduis
	il/elle/on	va	il/elle/on	boit	il/elle/on	conduit
	nous	allons	nous	b**u**vons	nous	conduisons
	vous	allez	vous	b**u**vez	vous	conduisez
	ils/elles	vont	ils/elles	boivent	ils/elles	conduisent
impératif		**Va**. Allons. Allez.		Bois. B**u**vons. B**u**vez.		Conduis. Conduisons. Conduisez.
passé composé		je suis allé(e)		j'ai bu		j'**ai** conduit
imparfait		j'allais		je buvais		je conduisais

ebenso: construire (bauen)

	infinitif	**connaître** (kennen)		**croire** (glauben)		**devoir** (müssen)

présent				
je	connais	je	crois	je	dois
tu	connais	tu	crois	tu	dois
il/elle/on	connaît	il/elle/on	croit	il/elle/on	doit
nous	connaissons	nous	croyons	nous	devons
vous	connaissez	vous	croyez	vous	devez
ils/elles	connaissent	ils/elles	croient	ils/elles	doivent

impératif   Crois. Croyons. Croyez.

passé composé   j'ai connu   j'ai cru   j'ai dû

imparfait   je connaissais   je croyais   je devais

infinitif	**dire** (sagen)	**écrire** (schreiben)	**faire** (machen)

présent				
je	dis	j'	écris	je	fais
tu	dis	tu	écris	tu	fais
il/elle/on	dit	il/elle/on	écrit	il/elle/on	fait
nous	disons	nous	écrivons	nous	faisons
vous	**dites**	vous	écrivez	vous	**faites**
ils/elles	disent	ils/elles	écrivent	ils/elles	font

impératif   Dis. Disons. **Dites**.   Écris. Écrivons. Écrivez.   Fais. Faisons. **Faites**.

passé composé   j'ai dit   j'ai écrit   j'ai fait

imparfait   je disais   j'écrivais   je faisais

ebenso: décrire (beschreiben)

infinitif	**lire** (lesen)	**mettre** (legen, anziehen)	**ouvrir** (aufmachen)

présent				
je	lis	je	mets	j'	ouvre
tu	lis	tu	mets	tu	ouvres
il/elle/on	lit	il/elle/on	met	il/elle/on	ouvre
nous	lisons	nous	mettons	nous	ouvrons
vous	lisez	vous	mettez	vous	ouvrez
ils/elles	lisent	ils/elles	mettent	ils/elles	ouvrent

impératif   Lis. Lisons. Lisez.   Mets. Mettons. Mettez.   Ouvre. Ouvrons. Ouvrez.

passé composé   j'ai lu   j'ai mis   j'ai ouvert

imparfait   je lisais   je mettais   j'ouvrais

ebenso: permettre (erlauben)   *ebenso:* découvrir (entdecken), offrir (schenken)

infinitif	**plaire** (gefallen)		**pleuvoir** (regnen)		**pouvoir** (können)	
présent	je	plais			je	peux
	tu	plais			tu	peux
	il/elle/on	plaît	il	pleut	il/elle/on	peut
	nous	plaisons			nous	pouvons
	vous	plaisez			vous	pouvez
	ils/elles	plaisent			ils/elles	peuvent
passé composé		j'ai plu		il a plu		j'ai pu
imparfait		je plaisais		il pleuvait		je pouvais

infinitif	**prendre** (nehmen)		**savoir** (wissen)		**venir** (kommen)	
présent	je	prends	je	sais	je	viens
	tu	prends	tu	sais	tu	viens
	il/elle/on	prend	il/elle/on	sait	il/elle/on	vient
	nous	prenons	nous	savons	nous	venons
	vous	prenez	vous	savez	vous	venez
	ils/elles	prennent	ils/elles	savent	ils/elles	viennent
impératif		Prends. Prenons. Prenez.				Viens. Venons. Venez.
passé composé		j'ai pris		j'ai su		je suis venu(e)
imparfait		je prenais		je savais		je venais
	ebenso:	apprendre (lernen), comprendre (verstehen)			*ebenso:*	devenir (werden), revenir (zurückkommen)

infinitif	**voir** (sehen)		**vouloir** (wollen)	
présent	je	vois	je	veux
	tu	vois	tu	veux
	il/elle/on	voit	il/elle/on	veut
	nous	voyons	nous	voulons
	vous	voyez	vous	voulez
	ils/elles	voient	ils/elles	veulent
impératif		Vois. Voyons. Voyez.		
passé composé		j'ai vu		j'ai voulu
imparfait		je voyais		je voulais

> Alle Verben bis auf *être* bilden das *imparfait* regelmäßig (▶ S. 38–39 und ▶ vordere Umschlagseite).

! Bei einigen Verben verwendest du im deutschen Perfekt das Hilfsverb *sein*, bildest aber das ***passé composé*** im Französischen mit ***avoir***. Lerne sie auswendig, z. B. ***être*** → ***j'ai été*** *(ich **bin** gewesen)*.

ebenso: changer (wechseln, umsteigen), chavirer (kentern), conduire (fahren), déménager (umziehen), foncer (rasen), glisser (rutschen), surfer (surfen)